MÜTTER
~ UND ~
TÖCHTER

Märchen aus aller Welt

Für meine Tochter Rachel
J. E.-S.

Aus dem Englischen
von Julia D. Cremer

ISBN 3-8251-7239-2

Erschienen 1999 im Verlag Urachhaus
In neuer Rechtschreibung
Zuerst erschienen unter dem Titel »Father and Son Tales« bei Barefoot Books, Bristol

MÜTTER
~ UND ~
# TÖCHTER

Märchen aus aller Welt

Nacherzählt von Josephine Evetts-Secker
Illustriert von Helen Cann

URACHHAUS

INHALT

VORWORT

Diese Geschichten handeln von Müttern, Groß- und Stiefmüttern, Patinnen, Pflege- und Schwiegermüttern und ihrem rätselvollen Beziehungsweben zu heranwachsenden Töchtern. Sie entstammen den verschiedensten Kulturen, doch vermittelt jede ein lebendiges Bild vom Dasein einer Tochter, einer Mutter, mit allem Segen oder Widerspruch, der im Durchleben der einen wie der anderen oder gar beider Rollen erfahrbar ist. Ist das Band zwischen Mutter und Tochter stark genug und hat die Mutter das Leben der Frau kraftvoll vorgebildet, dann kann die Tochter ihre Mutter in sich als Kraft verspüren. Das ist die Wirkung der guten Mutter in vielen Märchen, wo sie vor ihrem Tode dem Kind etwas von sich selbst hinschenkt. Denn Mütter müssen »sterben«, und Töchter müssen bereit sein, den Schutz des Elternhauses zu verlassen und allein zu sein.

Jede Tochter braucht ein Abenteuer; sie muss ihre eigene Geschichte schaffen und eine eigenständige Person werden. Wie sehr auch Mütter, um Sicherheit und Erfolg ihrer Töchter besorgt, darauf bestehen, dass sie den direktesten Weg zum Ziel gehen – Töchter müssen immer ihren eigenen verschlungenen Pfad nehmen. Die Mütter können nur zuschauen und leiden, oder zuschauen und jubeln.

Diese Erzählungen schrecken nie vor dem wirklichen Leben zurück; offen behandeln sie Eifersucht, Hass und Grausamkeit und belegen, dass auch solche Gefühle Teil des Lebens sind. Man muss sie verinnerlichen, nicht wegwünschen. Und manchmal müssen wir die finsteren Tiefen unserer eigenen Wälder betreten, um der verzehrenden Energie der Baba Jaga zu begegnen, die ebenso zerstörerisch wie schöpferisch sein kann. Dann ist Tod der Boden für Leben und Erneuerung – höchst lebendig vorgeführt im Mythos der Persephone.

Die Erzählungen, die ich hier gesammelt habe, handeln von der Vorbereitung und Bereitschaft, sich mit dem Kosmischen zu vereinen, mit ihm eins zu sein.

Denn davon spricht das Sich-Verlieben im Märchen; und indem es erzählt wird, führt es uns oder zwingt uns gar zur Übereinstimmung. Diese Töchter suchen Vereinigung und Gemeinschaft, als lebenssprühende und immer mehr unabhängige junge Frauen, die ebenso lügen und ungehorsam sein wie lieben und schöpferisch sein können, wenn es nur das Leben voranbringt. Oft müssen sie eine Zeit der erzwungenen Isolation erdulden, die zur Inkubation wird, denn äußeres Tätigsein braucht den Ausgleich durch Innerlichkeit.

Die Geschichten haben keinen Urheber, jahrhundertelang schon wurden sie erzählt und nacherzählt, innerhalb eines Landes wie auch über Grenzen hinweg. Sie treten in vielerlei Form auf und zeigen dabei das Universale gewisser Ideen und Erfahrungen. Ihre Weisheit hilft uns, aus den unvorhergesehenen Ereignissen des Lebens bedeutungsvolle Erfahrungen zu holen und in der scheinbaren Zufälligkeit Muster zu erkennen. In meinen Nacherzählungen habe ich versucht, solche allgemein menschlichen Qualitäten von Mythen und Märchen zu erhalten und doch auf volkstümliche Färbung Rücksicht zu nehmen, mit all ihrer Vielfalt in lokalen, sozialen und religiösen Bereichen. Ich habe versucht, den frühesten Aufzeichnungen, die ich fand, treu zu bleiben und mich dennoch offen zu halten für die vielen individuellen Fassungen, die ich lesen und hören konnte.

Diese Geschichten leben durch »endlose Verwandlung«. Eine Erzählung der Ureinwohner Amerikas macht geltend, die Quelle der Märchen sei der »Stein des Geschichtenerzählens«, der seinen ersten Hörern sagt: »Einige von euch werden jedes Wort, das ich sage, im Gedächtnis behalten, manche werden sich an einige Worte erinnern, und gewiss werden manche alles vergessen. Deshalb müßt ihr euch anschließend die Geschichten untereinander erzählen, ihr müsst sie bewahren, solange die Welt besteht.« Meine Sammlung hofft, dem Auftrag dieses Steins zu dienen.

Josephine Evetts-Secker

DEMETER UND PERSEPHONE

Griechische Sage

Demeter, die erhabene Göttin der Erde, schaute ihrer schönen Tochter zu, wie sie mit den Nymphen des Flusses spielte. »Hier unter den Blumen wird sie sicher sein und glücklich, bis ich vom Berge Olymp zurückkehre«, dachte Demeter.

Sie wandte ihr Haupt mit dem Goldhaar und ließ ihr Kind bei Hyazinthen, Krokus und Iris. Die blühten das ganze Jahr. Persephone winkte ihrer Mutter zum Abschied und sah die hohe Gestalt entschwinden, auf dem Weg zu ihren Pflichten.

Persephones Blick schweifte umher. In dem hohen Gras waren die Freundinnen kaum zu sehen, doch hörte sie sie lachend ins Wasser springen. Hier hatte sie immer gespielt, soweit ihre Erinnerung reichte, glücklich mit Versteck- und Fangenspiel im lichten Sonnenschein. Doch nun fühlte sie sich seltsam unzufrieden und suchte nach Neuem, das sie reizen könnte.

In der Nähe entdeckte sie Büschel weißer Blumen. »Ah, Narzissen«, sprach sie zu sich, »ich will der Mutter einen Strauß davon pflücken.« So lief sie hinüber zu den Bäumen, unter denen sie im Schatten wuchsen, und langte eifrig nach der ersten Blume. Aber der Stängel brach nicht so leicht, wie sie erwartet hatte. Sie zog fester, doch so sehr sie auch zerrte, die Blume gab nicht nach.

»Wie stark ihre Wurzeln sein müssen«, sann Petsephone, »sie reichen wohl bis tief unter die Erde!« Da hielt sie plötzlich die Pflanze in der Hand, mitsamt Zwiebel und Wurzeln war sie ausgerissen und hatte ein klaffendes Loch hinterlassen. Persephone war überrascht, sie hockte sich hin und untersuchte staunend die aufgebrochene schwarze Erde.

Tief unten bei den Schatten fühlte König Hades, der Herr der Unterwelt, sein Reich erbeben. Rasch spannte er seine glänzend schwarzen Rosse vor den Wagen und fuhr zur Oberfläche, um die Erdkruste zu prüfen, ob nicht irgendwo Tageslicht eindränge in sein düsteres Reich. Denn ihm missfiel das Beben der Erde.

König Hades stieg noch höher hinauf, bis zu der duftenden Blumenwiese, um sie zu untersuchen. Dort erblickte er Persephone, die junge Göttin, und in diesem Augenblick traf ihn der Pfeil des Eros und verwundete sein Herz. Kaum verspürte Hades den Schmerz, vom unwiderstehlichen Gott der Liebe gesandt, da riss er Persephone auch schon auf seinen glänzenden Wagen und wollte sie in sein finsteres Königreich entführen.

»Hilfe! Zu Hilfe! Mutter! … so helft mir doch!«, schrie Persephone in die stillen Lüfte, doch nur die sprachlosen Wasser vernahmen ihr Rufen. Wie sie sich wehrte, löste sich ihr Gürtel und fiel in das Wasser, in dem sie mit den Nymphen gebadet hatte.

Als Demeter Stunden später zurückkam und nur den Gürtel ihrer Tochter

auf dem Teich dahintreibend fand, packte eisiges Entsetzen ihr Herz, dass es in Furcht erstarrte. Persephones Gespielinnen waren vor Schreck geflüchtet, und niemand blieb zurück, ihr zu berichten, was ihrem liebsten Kind zugestoßen war.

So begann Demeters Suchen. Heftig schlug ihr Herz, als sie über die Felder lief und die Tochter bei dem geheimen Namen rief: »Kore! Kore!« Außer sich vor Schmerz raufte sie sich das Haar und raste kreuz und quer, wie eine Irre.

Manche behaupten, die Flussnymphen hätten ihr schließlich gesagt, was geschehen war, dass ihr Kind nicht tot, sondern vom Herrn der Unterwelt entführt sei. Andere sagen, sie habe die Botschaft von der Sonne erhalten: Persephone sei fortan die Gemahlin des edlen Gottes des Todes und Königin in seinem Reich.

Als Demeter das hörte, tobte und weinte sie und entzog der Erdenwelt alle Liebe und Fürsorge. Sie hinderte den Regen in seinem Lauf, so dass die Sonne sengend niederbrannte auf trockenen Staub; sie zerbrach die Pflüge und ließ die verdorrten Furchen in sich zusammenfallen. Die Bauern und ihre Familien wurden ganz schwach vor Hunger, alle Menschen auf Erden waren zutiefst verwirrt und voller Angst. Sie riefen nach der großen Göttin mit dem goldenen Haar, die ihnen immer gut gewesen war. Demeter aber winkte ihnen nicht mehr mit den Ähren im milden Wind. Denn sie kannte nichts mehr außer Rache und Schmerz. »Kann Persephone nicht bei mir bleiben«, drohte die gewaltige Erdenmutter, »wird ohne sie nichts überleben.«

Zeus, der mächtige Gott, beobachtete sorgenvoll vom Götterberge Olymp, wie Demeter die Erde zerstörte. Die Menschen brachten Opfer dar und riefen ihn um Hilfe an: »Großer Zeus, errette uns vor Hunger und Tod!« Doch die Erde wurde unfruchtbar, und Not breitete sich aus.

Dann stürmte Demeter in ihrem Zorn zum hohen Olymp und forderte von Zeus, er solle kraft seiner Allmacht ihre gemeinsame Tochter aus der Unterwelt befreien. »Hol Kore, unser Kind, zurück!«, rief sie mit gewaltiger Stimme. Zeus versuchte Demeter zu trösten: »Man hat mir gesagt, unser Kind sei nun eine edle Königin, die ihr neues Reich würdevoll regiert.«

Doch Demeter war untröstlich und rief nur noch heftiger: »Hol sie her, oder ich lasse alles sterben!«

Zeus sah ein, dass er nachgeben müsse, wenn das Leben auf der Erde fortbestehen sollte. Ermattet räumte er ein: »Wenn Persephone im dunklen Reich nichts gegessen hat, muss der Herr der Unterwelt sie dir zurücksenden. Hermes, der geflügelte Gott, soll meinem düsteren Bruder Hades diese Botschaft bringen.«

Hermes erschien vor Zeus' Thron, den Auftrag zu vernehmen. »Eile so schnell du kannst in die Unterwelt«, befahl Zeus, »und fordere die Freilassung Persephones. Unser Bruder wird sie kaum ziehen lassen wollen, doch musst du darauf bestehen, denn dies ist mein Wille.«

Hermes hatte sich schon abgewandt, da rief Zeus ihn nochmals zu sich: »Hat aber Persephone irgendeine Speise der Unterwelt genossen, so hat sie die Fürsorge des Hades angenommen und muss dort bleiben. So will es das Gesetz der Götter.«

Im Dämmerlande, das Persephone nun regierte, hatte die junge Göttin jeglicher Speise widerstanden, außer den verführerischen roten Früchten des Granatapfelbaumes mitten in Hades' nebligem Garten. Nur sieben kleine Körner hatte sie gegessen, doch beim Herauslösen war der rote Saft auf ihr weißes Gewand gespritzt.

Persephone jubelte laut auf, als sie durch Hermes die Botschaft des Zeus vernahm, sie dürfe sofort zu ihrer Mutter zurück. »Ich bringe dich heim, Persephone, doch sage mir zuerst, ob du aus diesem Reiche etwas zu dir genommen hast.»

Das Mädchen gedachte des leuchtenden süßen Granatapfels und erwiderte:

»O ja, ich habe von der Frucht des Hades genossen, aber nur wenige winzige Körner.«

Hermes erschrak, aber es ihm blieb nichts übrig, als ihre Hoffnungen zu zerstören: »Dann musst du hierbleiben, so will es Zeus.« Da brach Persephone zusammen und weinte um das Licht, die Blumen und die starke Liebe ihrer Mutter.

Dem weisen Zeus stand all das vor Augen: in der Unterwelt die trauernde Tochter und ihr zorniger Gemahl, auf Erden die rasende Mutter, dazu Scharen von Menschen, dem Hungertode nah. Laute Totenklagen füllten sein Ohr. Wie ließen sich die Früchte der Erde wieder beleben? Wie konnte er die anderen

Götter besänftigen? Hoch oben auf dem Olymp sann er nach. Dann verkündete er den weisen Beschluss: »Persephone, die junge Göttin, wird einen Teil des Jahres bei ihrem dunklen Gemahl verbringen, denn mein Bruder Hades braucht eine Königin, um sein düsteres Reich durch die Liebe aufzuhellen. Doch Persephone ist die goldene Jungfrau der Ähren. Da ist es nur gerecht, wenn sie sich zu einer bestimmten Zeit des Jahres aus dem Schattenreich erhebt und bei ihrer Mutter weilt, der Göttin der Erde und allen Wachstums.«

So geschieht es, dass Persephone jedes Frühjahr zu Demeter heimkehrt. Gemeinsam erfreuen sie sich an der Aussaat des Getreides, am grünen Sprießen und goldenen Reifen. Die junge Göttin schweift wieder mit den Nymphen umher; sie pflücken Blumen und flechten einander roten Mohn ins

Haar. Nach der Ernte aber, wenn alles Korn sicher in die Scheunen gebracht ist, wird Persephone zurückberufen in die Unterwelt, wo König Hades sie sehnlich erwartet. Sie steigt hinunter zu ihrem dunklen Gemahl und verbringt mit ihm den langen Winter. Während dieser Zeit scheint es, als wüchse nichts, weil das Leben der Pflanzen tief im Erdboden verborgen liegt. Winterfrost und Schneefall bringen alles zum Schweigen, wenn Demeter in der Stille die Rückkehr ihrer Tochter ersehnt. Dann aber vernimmt Persephone erneut den Ruf des Lichtes, springt geschwind hinein ins Leben, durchdringt die Fruchtbarkeit des schwarzen Erdreichs und eilt Demeter, der großen Erdenmutter, in die Arme. So erneuert sie beständig das Leben und überwindet die winterharte Fessel des Hades.

DER WASSERFALL AUS WEISSEM HAAR

Aus China

In China lebte einst ein Mädchen mit den längsten Haaren, die ihr euch vorstellen könnt. Schwarz und glänzend reichten sie ihr bis über die Fersen, so dass sie sie aufstecken musste, damit sie nicht über die Erde streiften. Jeder nannte sie Langes Haar. Sie lebte bei ihrer Mutter, die alt und schwach war, und sorgte gut für sie und auch für den Haushalt und die Schweine. Weil es in der Nähe keinen Fluss gab, musste sie wie alle Dorfbewohner das Wasser von weither holen. Jeden Morgen, wenn sie sich mit den schweren Kübeln abschleppte, sann sie verwundert darüber nach, warum kein einziger Bach den Hohen Berg oberhalb ihres Dorfes hinabeilte.

Tagaus, tagein, bei Sonnenglut wie Eiseskälte holte Langes Haar Wasser, ohne je zu klagen. Eines Tages stieg sie den Berg hinauf und war, ehe sie sich's versah, höher als sonst. Während sie ein wenig ruhte, bemerkte sie eine ihr unbekannte Pflanze mit kräftigen Blättern, stellte sich vor, wie die ihren Schweinen schmecken würde, und hatte sie auch schon ausgerissen, um sie ihnen mitzubringen. Überrascht hielt sie da eine riesig-runde Rübe in den Händen. Aus dem Wurzelloch aber kam ein klarer Quellbach gesprudelt.

»Welch herrliches Wasser«, dachte sie, als sie genug getrunken hatte und sich ins Gras sinken ließ. Da fuhr plötzlich ein scharfer Wind auf, riss ihr die Rübe aus der Hand und warf sie ins Loch zurück, so dass der Quell versiegte. Der Wind aber tobte weiter, stieß Langes Haar hierhin und dorthin, bis sie, hinter einem Felsen Schutz suchend, plötzlich einem alten Mann mit goldenem Haar gegenüberstand.

»Du hast mein Geheimnis entdeckt«, rief er zornig. »Niemals darfst du es jemandem verraten, sonst musst du sterben. Denn ich bin der Geist vom Hohen Berg, und dies Wasser ist mein!«

Ehe Langes Haar etwas erwidern konnte, stand sie schon, vom Wind gepackt, im Garten daheim.

An jenem Tage ging sie schweigsam ihrer Arbeit nach, und in den folgenden Wochen ward ihr Herz schwer, weil sie erst jetzt richtig bemerkte, wie hart ihren Leuten das Leben wurde. Mit wachsender Trauer sah Langes Haar die erschöpften Dorfbewohner, sogar Kinder, Alte und Schwache sich mit Wasserlasten vom fernen Fluss die Straße entlang schleppen. Ihr Mitleid mit den Mühen der andern ließ ihr Haar ergrauen, bis es schneeweiß war. Immer noch sann sie auf ein Mittel, ihren Mitmenschen das Wasserholen zu erleichtern.

Eines Morgens, als sie traurig über die Straße ging, sah sie eine alte Frau, die sich mit ihren Eimern plagte; kaum konnte sie sie anheben, geschweige denn tragen. Nun brach sie auf dem Weg zusammen und verletzte sich den

Kopf an einem spitzen Stein. Das kostbare Wasser rann über die Erde und war im Nu versickert.

Während Langes Haar der Frau auf die Füße half, wuchs in ihrem Herzen ein solcher Zorn, dass sie beschloss, die Warnung des Berggeistes zu missachten. Sie rief alle Leute, ihr auf den Berg zu folgen, und verkündete: »Es gibt genug Wasser in der Nähe, das auch uns zusteht – der Hohe Berg muss es mit uns teilen.«

Bald schon erreichten die Dorfbewohner die Höhe, wo die seltsame Pflanze wuchs. Wiederum zog Langes Haar die Rübe an den großen Blättern aus der Erde, und wieder war da das Loch, aus dem das Wasser hervorquoll. Alle freuten sich sehr und dankten Langes Haar von Herzen. »Wir müssen die Rübe in Stücke hacken, damit sie nie wieder das Wasser absperren kann«, wies das Mädchen sie an. Gesagt, getan; schon strömte das Wasser immer geschwinder, und die Leute tranken, plantschten und jubelten.

Plötzlich aber kam der Bergwind auf, und Langes Haar erinnerte sich der Worte des Berggeistes. Im selben Augenblick schon hatte eine Sturmböe sie erfasst und dem gelbhaarigen Manne in seiner Felsennische zugeweht. Der blickte noch zorniger als beim ersten Mal und schrie: »Betrügerin! Du hast mein Geheimnis verraten! Zur Strafe wirst du ewig auf den Felsen meines Berges liegen, da wo das Wasser der Erde enteilt. Eiskalt wird es über dich dahinrauschen und dein langes weißes Haar durchströmen!«

Langes Haar schauderte bei dem bloßen Gedanken daran, sprach jedoch tapfer: »So sei es. Wenn mein Volk auf diese Weise Wasser bekommt, werde ich es erdulden. Doch bitte, o Geist vom Hohen Berg, lass mich zuvor von meiner Mutter Abschied nehmen und jemanden finden, der sie versorgt, wenn ich fort bin.«

Der Geist vom Hohen Berg grollte, war es doch nicht seine Art, jemandem ja zu sagen. Dann rührte ihn aber die Bitte des Mädchens, so dass er zögernd sagte: »Du darfst gehen, doch bist du nicht bis zum Abend zurück, müssen alle leiden.«

Der Wind heulte wieder los und blies Langes Haar ins Dorf, wo die Leute schon ein großes Fest feierten. Ihr Herz trauerte, als sie den Schweinen Lebewohl sagte, und es brach fast, als sie von ihrer Mutter Abschied nahm. Sie wusste, es würde kein Wiedersehen geben, sagte aber keine Silbe darüber, um sie nicht noch mehr zu beunruhigen.

Sie ging in den Garten und stand weinend unter ihrem Lieblingsbaum, unter dem sie sich so oft ausgeruht hatte. Plötzlich trat ein Mann mit grünem Haar aus dem Baum und redete sie freundlich an: »Liebes Kind, wisch deine Tränen ab, ich werde dir helfen, denn du bist treu und hast ein mildes Herz. Ich habe aus Stein dein Ebenbild gemacht. Es ist gut gelungen, doch wenn der Berggeist glauben soll, dass du es bist, so musst du dein langes weißes Haar opfern.«

Ohne einen Augenblick zu zögern, ließ Langes Haar sich das Haar abschneiden, und der Mann befestigte es am Kopf der steinernen Statue. Die war nun von dem Mädchen nicht mehr zu unterscheiden.

Diesmal blies der Wind noch heftiger als sonst und trug Langes Haar mit dem grünen Mann und der Statue zurück auf den Berg. Gemeinsam legten sie die Statue mit dem Gesicht zur Erde, so dass das weiße Haar den Felsvorsprung hinabhing. Da floss das Wasser durch das Haar, und es entstand ein Wasserfall mit einem leuchtenden Regenbogen darüber.

Der Wind ergriff Langes Haar und setzte sie wieder unter ihrem Lieblingsbaum ab. Von dem grünhaarigen Mann war nichts mehr zu sehen, doch hörte sie seine Stimme aus dem Baum: »Langes Haar, du bist freundlich und liebevoll. Kehre zurück zu deiner Mutter, die dich braucht, und zu deinen Freunden im Dorf, wo man sich deines Mutes immer erinnern wird. Lebt dort in Frieden, solange der Wasserfall den Hohen Berg hinabstürzt.«

Da ging Langes Haar frohen Herzens wieder zu ihrer Mutter. Bald schon wuchs ihr neues Haar, schwarzglänzend wie ehedem. Bis auf den heutigen Tag schauen die Dorfbewohner dankbar zum Berg hinauf und betrachten das herrliche Strömen des Wasserfalls aus weißem Haar, der ihnen das Wasser bringt.

FRAU HOLLE

Aus Deutschland

Es war einmal eine Witwe, die hatte zwei Töchter, die eine war ihre eigene Tochter, die andere ihre Stieftochter. Sie hatte aber die eigene Tochter, wenn sie auch hässlich und faul war, viel lieber als die schöne und fleißige Stieftochter, und diese musste alle Arbeit tun und der Aschenputtel im Hause sein. Jeden Tag musste das arme Mädchen am Brunnen auf der großen Straße sitzen und viele Stunden spinnen, bis ihr die Finger bluteten. Aber je mehr sie arbeitete, desto unzufriedener war die Stiefmutter.

Nun trug es sich zu, dass die Spule einmal ganz blutig war; da bückte sich das Mädchen damit in den Brunnen und wollte sie abwaschen. Sie

sprang ihm aber aus der Hand und fiel hinab. Es weinte, lief zur Stiefmutter und erzählte ihr das Unglück. Sie schalt es aber so heftig und war so unbarmherzig, dass sie sprach: »Hast du die Spule hinunterfallen lassen, so hol sie auch wieder herauf.«

Da ging das Mädchen zu dem Brunnen zurück und wusste nicht, was es anfangen sollte. Und in seiner Herzensangst sprang es in den Brunnen hinein, um die Spule zu holen. Es verlor die Besinnung, und als es erwachte und wieder zu sich selber kam, war es auf einer schönen Wiese, wo die Sonne schien und viel tausend Blumen standen.

Auf dieser Wiese ging das Mädchen fort und kam zu einem Backofen, der war voller Brot; das Brot aber rief: »Ach, zieh mich raus, zieh mich raus, sonst verbrenn' ich! Ich bin schon längst ausgebacken.« Da trat es herzu und holte mit dem Brotschieber alle Brote nacheinander heraus.

Danach ging es weiter und kam zu einem Baum, der hing voll Äpfel und rief ihm zu: »Ach, schüttel mich, schüttel mich, wir Äpfel sind alle miteinander reif.«

Da schüttelte das Mädchen den Baum, dass die Äpfel fielen, als regneten sie, und schüttelte, bis keiner mehr oben war; und als es alle in einen Haufen zusammengelegt hatte, ging es wieder weiter.

Endlich kam es zu einem kleinen Haus, daraus guckte eine alte Frau, weil sie aber so große Zähne hatte, bekam das Mädchen Angst, und es wollte fortlaufen. Die alte Frau aber rief ihm nach: »Was fürchtest du dich, liebes Kind? Bleib bei mir! Wenn du alle Arbeit im Hause ordentlich tun willst, so soll dir's gut gehn. Du musst nur Acht geben, dass du mein Bett gut machst und es fleißig aufschüttelst, dass die Federn fliegen. Dann schneit es in der Welt; ich bin die Frau Holle.«

Weil die Alte ihm so gut zusprach, so fasste sich das Mädchen ein Herz, willigte ein und begab sich in ihren Dienst. Es besorgte auch alles nach ihrer Zufriedenheit und schüttelte ihr das Bett immer gewaltig auf, dass die Federn wie Schneeflocken umherflogen; dafür hatte es auch ein gutes Leben bei Frau Holle, es gab kein böses Wort, dafür alle Tage Gesottenes und Gebratenes.

Als nun das Mädchen eine Zeitlang bei der Frau Holle war, da wurde es traurig und wusste anfangs selbst nicht, was ihm fehlte. Endlich merkte es, dass es Heimweh war; wenn es ihm hier auch viel tausendmal besser ging als zu Haus, so hatte es doch ein Verlangen dahin.

Endlich sagte es zu Frau Holle: »Ich habe den Jammer nach Haus gekriegt, und wenn es mir auch noch so gut hier unten geht, so kann

ich doch nicht länger bleiben, ich muß wieder hinauf zu den Meinigen.«

Die Frau Holle sagte: »Ich lasse dich ungern ziehen, aber es gefällt mir, dass du wieder nach Haus verlangst, und weil du mir so treu gedient hast, so will ich dich selbst wieder hinaufbringen.«

Sie nahm es darauf bei der Hand und führte es vor ein großes Tor. Das Tor ward aufgetan, und wie das Mädchen gerade darunter stand, fiel ein gewaltiger Goldregen, und alles Gold blieb an ihm hängen, so dass es über und über davon bedeckt war.

»Das soll deine Belohnung sein, weil du so fleißig gewesen bist«, sprach die Frau Holle und gab ihm auch die Spule wieder, die ihm in den Brunnen gefallen war. Darauf ward das Tor verschlossen, und das Mädchen befand sich oben auf der Welt, nicht weit von seiner Mutter Haus. Und als es in den Hof kam, saß der Hahn auf dem Brunnen und rief:

Kikeriki,
unsere goldene Jungfrau
ist wieder hie!

Da ging es hinein zu seiner Mutter, und weil es so gut mit Gold bedeckt ankam, ward es von ihr und der Schwester gut aufgenommen.

Das Mädchen erzählte alles, was ihm begegnet war, und als die Mutter hörte, wie es zu dem großen Reichtum gekommen war, wurde sie neidisch und wollte der andern, hässlichen und faulen Tochter gerne dasselbe Glück verschaffen.

Am nächsten Morgen musste sie sich an den Brunnen setzen und spin-

nen, und damit ihre Spule blutig wurde, stach sie sich in die Finger und stieß sich die Hand in die Dornenhecke. Dann warf sie die Spule in den Brunnen und sprang selber hinein.

Sie kam wie die andere auf die schöne Wiese, achtete aber nicht auf den Sonnenschein und die leuchtenden Blumen, sondern ging schnell auf dem Pfade weiter. Als sie zu dem Backofen gelangte, schrie das Brot wieder: »Ach, zieh mich raus, zieh mich raus, sonst verbrenn' ich! Ich bin schon längst ausgebacken.« Die Faule hörte nur ungeduldig zu und antwortete: »Da hätt' ich Lust, mich schmutzig zu machen«, und ging weiter.

Bald kam sie zu dem Apfelbaum, der rief: »Ach, schüttel mich, schüttel mich! Wir Äpfel sind alle miteinander reif.« Da wurde sie nur ärgerlich, und sie antwortete: »Du kommst mir recht. Es könnte mir einer auf den Kopf fallen und mir wehtun!« Damit ging sie weiter, ohne sich um die Äpfel zu kümmern.

Als die Faule vor der Frau Holle Haus kam, fürchtete sie sich nicht, weil sie von ihren großen Zähnen schon gehört hatte, und verdingte sich gleich bei ihr. Am ersten Tag tat sie sich Gewalt an, war fleißig und folgte der Frau Holle, wenn sie ihr etwas sagte; denn sie dachte an das viele Gold, das sie ihr schenken würde.

Am zweiten Tag aber fing sie schon an zu faulenzen, am dritten noch mehr, da wollte sie morgens gar nicht aufstehen. Sie machte auch der Frau Holle das Bett nicht, wie sich's gebührte, und schüttelte es nicht, dass die Federn aufflogen.

Das ward die Frau Holle bald müde und sagte ihr den Dienst auf. Die Faule war das wohl zufrieden und meinte, nun würde der Goldregen kommen. Die Frau Holle führte sie auch zu dem Tor, als sie aber darunter stand, ward statt des Goldes ein großer Kessel voll Pech ausgeschüttet. »Das ist zur Belohnung für deine Dienste! Aber die Spule bekommst du nicht, du hast sie nicht verdient«, sagte die Frau Holle und schloss das Tor zu.

Da kam die Faule heim, aber sie war ganz mit Pech bedeckt, und der als Hahn auf dem Brunnen sie sah, rief er:

Kikeriki,
unsere schmutzige Jungfrau
ist wieder hie!

Das Pech aber blieb fest an ihr hängen und wollte nicht abgehen, solange sie lebte.

WASSILISSA DIE WUNDERSCHÖNE

Aus Russland

Es war einmal vor langer Zeit, da lebten in einem fernen Land ein Kaufmann und seine Frau mit ihrem einzigen Kind. Das war so lieblich, dass es von allen Wassilissa die Wunderschöne genannt wurde. Als Wassilissa acht Jahre alt war, erkrankte ihre Mutter schwer. Auf dem Sterbebett rief sie die Tochter zu sich und sprach: »Liebes Kind, ich muss dich verlassen, und doch werde ich dir immer nahe sein. Ich segne dich und schenke dir diese kleine Puppe, die ich für dich gemacht habe. Verrate niemandem etwas von ihr. Wann immer du in Not bist, wird sie dir helfen. Füttere sie nur gut, dann wird sie dir alles sagen, was du wissen musst.« Mutter und Tochter umarmten sich unter Tränen. Dann starb die Kranke.

Der Kaufmann heiratete bald eine neue Frau, eine Witwe, die selbst zwei Töchter hatte. Wassilissa wurde von ihrer Stiefnutter und den Stiefschwestern gehasst, weil sie so gut und liebreich war. Von Anfang an beneideten sie sie, waren grausam zu ihr und überließen ihr alle unangenehme Arbeit. Doch wie sehr sie Wassilissa auch ausnutzten und missachteten, sie wurde immer schöner, während ihre Stiefschwestern herumsaßen und von Tag zu Tag hässlicher wurden.

Wassilissas Geheimnis war natürlich die Puppe, für die sie die besten Bissen ihres Essens aufsparte. Jeden Abend, wenn sie allein in ihrem Dachstübchen waren, breitete sie die Speisen als Festmahl vor ihrem hilfreichen Gefährten aus. Dann erzählte sie ihm von ihren Sorgen und fragte:

Kleine Puppe, Püppchen mein,
was soll ich denn nur tun?
Bin traurig, müde, hungrig nun
und noch dazu allein.

Die Puppe wusste immer Trost, ja brachte sogar Heilung, wenn Wassilissa krank war, weil sie alle Heilkräuter im Garten kannte.

Noch schlimmer wurde das Leben für Wassilissa, als ihr Vater eine große Seereise antreten musste. Da zog sich die Familie in ein Häuschen am Rande des dichten Waldes zurück. Die Stiefmutter wusste, dass in seinen Tiefen die Hexe Baba Jaga lebte, und trotz dieser Gefahr schickte sie Wassilissa oft mit Aufträgen in den Wald. Doch die kleine Puppe behütete Wassilissa vor allem Unheil.

Im Winter musste eine der Schwestern weben, die andere stickte und Wassilissa musste spinnen. Eines Abends setzten sie sich bei Kerzenlicht an die Arbeit. Als die Flamme zu flackern begann, tat die eine Schwester, als wolle sie den Docht trimmen, löschte ihn aber, wie sie es heimlich verabredet hatten, einfach aus.

»In diesem Dunkel können wir unmöglich arbeiten! Wassilissa, geh zu Baba Jagas Haus und hole Licht!«

Als Wassilissa sich mit ihrer Puppe in der Finsternis aufmachte, kam ein seltsamer Reiter des Wegs. Von Kopf bis Fuß weiß gekleidet, saß er auf einem milchweißen Ross mit silbernem Zaumzeug, das klingelte, wenn es die Mähne schüttelte. Im gleichen Augenblick wurde es lichter um sie her. Als sie dann tiefer in den Wald hineinging, kam ein roter Reiter vorüber, im gleichen Augenblick aber ging am Himmel die Sonne auf.

Wassilissa und ihre Puppe mussten den ganzen Tag laufen, ehe sie die

Lichtung erreichten, auf der Baba Jagas schreckliche Hütte stand. Wassilissa bekam Angst, als sie sie sah: Zaun und Tor bestanden aus Menschenknochen; Schädel krönten die Pfosten, und als Torschloss diente ein klaffender Kiefer mit spitzen Zähnen.

Plötzlich jagte ein dritter Reiter, kohlschwarz von oben bis unten, auf das Haus zu. Kaum hatte er das Tor erreicht, verschwand er, und im gleichen Augenblick wurde es Nacht im Wald. Im Dämmerdunkel leuchteten die

Schädel unheimlich. Wassilissa verschlug es fast den Atem vor Furcht. Die Bäume bogen sich und die Äste krachten, als Baba Jaga in ihrem fliegenden Mörser eintraf, den sie mit dem Stößel vorwärtsruderte; mit ihrem Besen verwischte sie die Spuren hinter sich.

Schnuppernd zog ihre spitze Nase die Luft ein: »Menschenfleisch!«, kreischte sie, »ich rieche Menschenfleisch! Sag auf der Stelle, wer du bist!« Wassilissa trat zu der Alten und knickste: »Ich bin Wassilissa. Meine Stiefschwestern schicken mich, Licht zu holen.« »Aha!«, fauchte die Hexe, »du bekommst Licht, sobald du genug für mich gearbeitet hast.« Auf den Klang ihrer Stimme sprang die Türe auf, und Wassilissa folgte ihr ins Haus.

Kaum drinnen, schrie die Alte: »Hol Essen aus dem Ofen und Bier aus dem Keller.« Wassilissa bediente sie beim Licht, das sie von den schrecklichen Schädeln am Zaun hatte holen müssen. Gierig fraß die Alte sich voll und überließ dem Mädchen nur winzige Häppchen; die aber barg Wassilissa in ihrer Schürzentasche. Baba Jaga gähnte und schickte sich an, ins Bett zu gehen. Dabei gab sie Wassilissa Befehle: »Während ich fort bin morgen, putzt du das Haus gründlich, scheuerst die Böden und fegst den Hof. Mach die Wäsche und die Betten, bereite mir ein gutes Abendessen und, vor allem, verlese das Getreide aus der Spreu in die Eimer. Ist nicht alles gut getan, fresse ich dich auf!«

Sobald Baba Jaga eingeschlafen war und schnarchte, dass die Hütte wakkelte, gab Wassilissa ihrer Puppe das aufgesparte Essen und schüttete ihr das Herz aus. Wieder fand sie Trost bei ihr und legte sich schlafen.

Als sie erwachte, war Baba Jaga schon bereit, in die Dunkelheit aufzubrechen; die Lichter um das Haus glommen nur noch schwach. Da kam plötzlich der weiße Reiter vorbei. Beim ersten Morgenlicht bestieg die Alte ihren Mörser und holte Schwung mit dem Stößel. Als sie davonruderte, kam der rote Reiter vorüber, und die Sonne ging auf.

Wassilissa stand im Garten und beobachtete Baba Jagas Abfahrt. Dann

kehrte sie ins Haus zurück und wollte ihr Tagwerk beginnen, doch da war schon alles getan. Sie dankte ihrer Puppe, und diese sprach: »Nur das Abendessen musst du noch kochen. Bist du fertig damit, dann setz dich hin und ruh dich aus.«

Nacht sank in den Wald, und die Schädel begannen zu erglühen. Plötzlich bogen sich die Bäume, die Äste krachten, und Baba Jaga kehrte mit dem schwarzen Reiter zurück. Gleich kreischte sie: »Hoffentlich hast du die Arbeit fertig, sonst fresse ich dich!« Mit Verdruss sah sie, dass Wassilissa für alles gesorgt hatte. Das verlesene Korn musste nur noch gemahlen werden. Auf Baba Jagas Geheiß erschienen aus dem Nichts drei Paar Hände. Die erfüllten den Auftrag und trugen das Mehl fort.

Wieder verschlang die Alte ein riesiges Mahl und ließ dem Mädchen kaum einen Bissen. Als sie sich vom Tisch erhob, sagte sie: »Arbeite morgen genauso hart. Vor allem aber musst du den Mohnsamen Korn für Korn vom Schmutz befreien, der in den Eimer gefallen ist.« Sobald sie schnarchte, dass die Hütte wackelte, gab Wassilissa ihrer Puppe das Essen. Als sie es verspeist hatte, sagte sie: »Sprich nun die Gebete, die deine Mutter dich gelehrt hat, und schlaf in Ruhe, bis es hell wird.«

Der nächste Tag verlief wie der erste. Baba Jaga kehrte zusammen mit der schwarzen Nacht zurück, und auf ihr Geheiß erschienen aus dem Nichts die geheimnisvollen Hände und pressten Öl aus den gereinigten Mohnsamen. Dann setzte sich die Alte an ihr Riesenmahl. Kaum hatte sie einige Löffel Suppe geschluckt, blickte sie auf und fragte Wassilissa unvermittelt: »Bist du stumm?«

»Nicht stumm, nur etwas ängstlich«, erwiderte das Mädchen. »Dennoch wüsste ich gern die Antwort auf einige Fragen.« Baba Jaga starrte sie an und sagte: »Hüte dich, Kind; zu viel Wissen ist gefährlich. Denk daran!«

Trotz ihrer Angst rückte Wassilissa mit den Fragen heraus: »Wer ist der weiße Reiter, und warum kommt er?«

»Er ist mein strahlendes Tageslicht«, entgegnete Baba Jaga.

»Wer ist der rote Reiter, und warum kommt er?«

»Er ist mein rosiger Sonnenaufgang«, entgegnete Baba Jaga.

»Wer ist der schwarze Reiter, und warum kommt er?«

»Er ist meine schwarze Nacht«, entgegnete Baba Jaga. »Sie sind alle drei meine geheimnisvollen Diener«, fügte sie hinzu.

Da fielen Wassilissa die drei Paar Hände aus dem Nichts ein, die Mehl gemahlen und Öl gepresst hatten. »Ich habe noch mehr Fragen«, hub sie nur kurz an, »aber du sagtest ja, zu viel Wissen sei gefährlich«, und schwieg wieder still.

Erfreut darüber, dass Wassilissa nicht weiterbohrte, sagte die Alte: »Ich fresse alle, die zu neugierig sind. Und nun habe ich eine Frage an dich: Wie konntest du all die Arbeit schaffen, die ich dir auftrug? Es war viel zu viel für ein Mädchen wie dich.«

Wahrheitsgemäß antwortete Wassilissa: »Ich tat alles durch die Liebe und den Segen meiner Mutter.« Baba Jaga wurde wütend und blitzte sie an: »Liebe und Segen? Raus mit dir und deinem Segen!« Unsanft schob sie Wassilissa aus der Hütte und rief ihr in barschem Tone nach: »Nimm das Licht, das du holen solltest, und verschwinde!«

So fand Wassilissa den Heimweg durch das Licht eines Schädels, den sie auf

einem Zaunpfahl vor sich hertrug. Ihr Haus lag in völliger Finsternis, als sie eintrat. Die Stiefschwestern hatten, seit sie fort war, keine Kerze am Brennen halten können. »Zum Glück bringst du Licht.« Mehr brachte die Stiefmutter nicht über die Lippen, und die Stiefschwestern rissen ihr den Schädel aus den Händen. Sobald sie das aber taten, entfuhren dem Schädel Lichtstrahlen, so mächtig, dass sie alle drei schrecklich geblendet wurden. Wo sie sich auch versteckten, sie konnten dem Licht nicht entkommen. Zuletzt hatte es sie völlig verzehrt.

Wassilissa begrub den Schädel und verließ den Wald, um in die Stadt zu ziehen, wo sie bei einer guten alten Frau wohnte. Weil sie die Rückkehr ihres

Vaters nicht untätig erwarten wollte, begann sie Flachs zu spinnen, und sie spann einen Faden feiner als Spinnweben, so dünn, dass niemand damit arbeiten konnte, und zu zart für Spindel und Weberschiffchen. Sie wandte sich an ihre Puppe, die wie stets bereit war zu helfen. »Bring mir irgendein altes Weberschiffchen«, sagte sie, »und ich werde es schon machen.«

Während Wassilissa schlief, arbeitete die Puppe. Sie wob den ganzen Winter lang, bis all das hauchdünne Garn zu feinstem Tuch gewoben war. Wassilissa schenkte es der alten Frau, die sie beherbergte, und sagte: »Nimm's und verkaufe es; den Erlös behalte für dich.« Doch die alte Frau weigerte sich: »Das ist wahrhaft fürstliches Tuch. Es gebührt allein dem Zaren!«

Gesagt, getan. Sie ging zum Palast und zeigte das Tuch keinem andern als dem Zaren selbst. Der sah es und wollte es sofort erwerben. Die Frau bestand darauf, das Tuch sei ohnegleichen und daher nicht verkäuflich; er könne es nur zum Geschenk haben.

Der Zar bedankte sich und wollte sich sogleich Hemden daraus nähen lassen. Der Stoff war aber so zart, dass niemand sich daranwagte. Er schickte nach der alten Frau, ob sie ihm die Hemden nähen wolle. Als sie ablehnte, sagte er: »Wenn du ihn gewoben hast, wirst du ihn doch auch nähen können?«

»Niemals könnte ich solch einen Stoff weben«, antwortete sie, »es ist meine Pflegetochter, die so fein spinnt und webt.« Da verlangte der Zar, dass die Pflegetochter ihm die Hemden nähe.

Wassilissa war nicht erstaunt, als sie das hörte, machte sich ans Werk und hielt nicht inne, bis die Hemden fertig waren. Dann kämmte sie sich das Haar, zog ihr bestes Kleid an, setzte sich ans Fenster und wartete, was als nächstes geschehen würde.

Kaum war die alte Frau vom Palast zurück, wo sie die Hemden abgeliefert hatte, erschienen auch schon königliche Boten und meldeten, der Zar wolle derjenigen Dank und Belohnung schenken, die solch wunderbare Kleider

schaffen könne. Also eilte Wassilissa mit dem Püppchen in der Tasche zum Palast.

Beim ersten Anblick schon liebte der Zar sie, ergriff ihre Hände und sprach: »Wassilissa, du Wunderschöne, ich bitte dich, meine Gemahlin zu werden. Sei meine Königin, wir werden in Frieden zusammen leben.«

Wassilissa freute sich, lebte fortan im Palast, zusammen mit der guten alten Frau und ihrem Vater, als der von seiner Reise heimkehrte. Niemand erfuhr je von dem Geschenk ihrer Mutter, das sie für immer bei sich behielt, und jeden Tag dankte sie der Puppe für ihr gutes Geschick.

GROSSE MUTTER ERDBEBEN

Märchen der Irokesen

Vor langer Zeit lebte eine Frau, die hatte drei erwachsene Töchter: Runder Stein, Langbein und Zitterndes Blatt. Als sie im rechten Alter waren, musste Mutter Schwan für ihre Verheiratung sorgen. Sie rief sie zu sich und sprach: »Mein Leben war hart und arbeitsam, weil ich euch allein aufziehen musste und wir nichts zu essen hatten als Früchte des Waldes und Pilze. Soll ich noch einen Winter überleben, so brauche ich auf meine alten Tage etwas Fleisch zu essen. Es wird Zeit, dass ihr heiratet. Zwei von euch werden ins Gebiet des Adlerstammes reisen. Dort lebt Große Mutter Erdbeben, die reich ist und mit ihrem Sohn Narbengesicht in einem großen Haus lebt. Der ist ein geschickter Jäger und wird auch ein guter Ehemann sein. Bringt ihm das beste Brot, das ihr backen könnt, und mir das beste Stück Fleisch zurück, das ihr finden könnt.«

Beglückt hörten die beiden älteren Töchter, Runder Stein und Langbein, den Plan ihrer Mutter und bereiteten sofort das Hochzeitsbrot: Sie wuschen Getreide, mahlten es zu Mehl, bereiteten den Teig, kneteten ihn und formten zwanzig runde Laibe; die buken sie in der Asche und packten sie in einen großen Korb, den sie aus Kiefernwurzeln und Birkenrinde geflochten hatten. Dann legten sie sich früh zur Ruhe, um zeitig im Morgengrauen aufbrechen zu können. Ehe sie losgingen, flocht ihnen Mutter Schwan die Haare und bemalte ihre Gesichter mit roten Streifen. Beim Abschied schärfte sie ihnen ein: »Geht direkt zu Mutter Erdbeben. Sprecht unterwegs mit niemandem und rastet nicht. Denkt an meine Worte!«

Die beiden machten sich mit ihrem Hochzeitsbrot auf den Weg. Zitterndes Blatt blieb zurück und schaute ihnen nach. Gegen Nachmittag hatten sie schon manch kalten Fluss durchquert; ihre Mokassins waren schlammverschmiert und ihre Füße wund von scharfen Felsen. Plötzlich rannte ein Mann des Eulenstammes in großer Aufregung vor ihnen her. »Ich habe bei der Kaninchenjagd meinen Pfeil verloren«, rief er. »Den brauche ich, um meiner Familie Fleisch zu bringen. Bitte, helft mir suchen!«

Langbein zögerte, da sie sich der Worte ihrer Mutter erinnerte; Runder Stein aber stellte den Korb hin und half ihm suchen. Sie ward betrogen, denn als sie suchte, lief der Eulenmann mit dem Hochzeitsbrot davon.

Schweren Herzens kehrten die Mädchen heim, wohl wissend, wie enttäuscht ihre Mutter sein würde. Langbein erklärte, was vorgefallen war, und Mutter Schwan rief: »Wie konntet ihr so ungehorsam sein? Ihr hättet doch geradewegs zum Adlervolk gehen sollen. Jetzt kommt ihr ohne Fleisch zurück.« Sie weinte, bis die Sonne hinter den Bäumen versank. Dann sagte sie zu Langbein: »Geh schlafen, morgen beginnen wir von vorn. Wir backen Hochzeitsbrot, und du wirst mit Zitterndem Blatt gehen, um Mutter Erdbe-

ben und ihren Sohn zu besuchen. Eure ältere Schwester muss fortan daheim bleiben und sich damit abfinden.«

Ehe noch die Sonne aufging, war das Brot bereitet. Wieder flocht Mutter Schwan ihren Töchtern die Haare und bemalte ihre Gesichter. Wieder schärfte sie ihnen ein: »Haltet unterwegs nicht an, um zu schwatzen, wie eure Schwester. Geht sofort zu Mutter Erdbeben und weicht nicht vom Wege ab.«

Die Schwestern liefen los, fest entschlossen, zu tun, was die Mutter befahl. Doch noch ehe es Mittag war, tauchte derselbe Eulenmann auf und grüßte sie freundlich lächelnd. Zitterndes Blatt dachte an das Los ihrer Schwester und mahnte: »Schweig still, bleib nicht stehn, Schwester, wir müssen eilends zu Mutter Erdbeben.«

Langbein aber war so von Eules Gebaren eingenommen, dass sie innehielt und ihn nach dem Weg fragte. »Große Mutter Erdbeben wohnt ganz hier in der Nähe«, erwiderte er, »du kannst ihre Behausung von hier aus sehen.« Betrügerisch zeigte er auf sein eigenes Haus; denn obwohl er schon Frau und Sohn hatte, meinte er, diese Schwanenmädchen wären schöne Bräute für ihn.

Der durchtriebene Kerl rannte voraus, schickte seinen Sohn hinaus und bestreute seine Frau mit Asche, bis sie ganz alt aussah. Dann bemalte er sich mit leuchtenden Farben, dass er strahlte wie ein junger Held, und erwartete die Mädchen.

Im Dämmerdunkel des Hauses hielten sie ihn für den ersehnten Gatten und setzten sich zu ihm. Doch als sie gerade von ihrer beschwerlichen Reise erzählten, kam ein Bote gelaufen: »Komm schnell, Eule, Mutter Erdbeben schickt nach dir. Lass sie nicht warten!«

Eule sprang eilig auf, um die alte Frau nicht zu verstimmen. »Ich werde gebraucht in der großen Ratsversammlung«, gab er vor. »Bin bald zurück. Wundert euch nicht. Ich bin Narbengesicht, Eule ist nur mein Spitzname«, und fort war er.

Zitterndes Blatt misstraute ihm. »Dieser Mann ist ein Betrüger«, sagte sie,

»wir hätten nicht anhalten dürfen. Lass uns rasch gehen.« Die Mädchen nahmen ihren Korb und eilten davon. Unterwegs stillten sie ihren Hunger mit Beeren und erreichten schließlich Mutter Erdbebens Haus, aus dem Tanzlärm und Gelächter schallten. Durchs Fenster erspähten die Mädchen gerade noch etwas von Eules albernem Gebaren, mit dem er die Adler-Leute belustigen wollte. Dann kam er heraus. Geschwind versteckten sich die Mädchen hinter Bäumen, dass er sie nicht bemerke, und sie warteten, bis alle Gäste fort waren und Mutter Erdbeben mit ihrem Sohn allein am Feuer zurückblieb.

Da traten Langbein und Zitterndes Blatt ein und näherten sich scheu dem Feuer. Sie stellten ihren Korb vor Mutter Erdbeben hin. Die lächelte freundlich, nahm von dem Brot und gab es ihrem Sohn. »Narbengesicht, dies Brot ist ein Hochzeitsgeschenk. Iss und heirate«, sprach sie.

Narbengesicht empfing das Brot von der Mutter und betrachtete die Mädchen eindringlich. Dann lächelte auch er. »Gerne werde ich euch beide heiraten«, sagte er und aß genüsslich ihre Festgabe, während die Mädchen sich neben ihn setzten, jede an eine Seite.

Nach dem Hochzeitsfest lebten die Frauen bei Narbengesicht und Mutter Erdbeben und waren zufrieden mit ihrem neuen Dasein. Jeden Tag gab es genug zu essen, und abends hörten sie die Geschichten des Adlervolkes.

So vergingen die Wochen, bis Mutter Erdbeben eines Tages sagte: »Jetzt seid ihr gestärkt und ausgeruht. Wandert zu eurer alten Mutter und bringt ihr Fleisch. Sobald sie kräftiger ist und reisen kann, nehmt ihr sie mit zu uns. Sie kann hier ihr eigenes Feuer machen, von dem Holz, das ihr für sie sammelt, und ihren eigenen Topf haben, um sich Fleisch zu kochen, so lange sie Zähne hat.«

Da schnürten Langbein und Zitterndes Blatt getrocknetes Fleisch zu einem großen Bündel. Doch noch ehe sie versuchten, es hochzuheben, berührte Mutter Erdbeben die Last und ließ sie augenblicklich so klein werden, dass sie leicht zu tragen war. Die jungen Frauen waren sehr erstaunt, dachten

sich aber, es sei besser, zu schweigen. Still machten sie sich auf den Heimweg.

Als sie das Geschenk vor Mutter Schwan hinlegten, war sie nicht sonderlich beeindruckt; kaum aber hatte sie es berührt, wuchs es, und sie verwunderte sich über seine Größe. »Das habt ihr gut gemacht, meine Töchter«, sagte sie erfreut. Mit strahlenden Augen saß sie am Feuer und kaute das getrocknete Fleisch, bis ihr der Schweiß übers Gesicht rann.

Mutter Schwan war es nicht gewöhnt, so viel zu kauen. Bald schon war sie erschöpft, und als sie unmöglich noch mehr essen konnte, legte sie sich hin und schlief so friedlich wie noch nie. Als sie sich stark genug fühlte, reiste sie mit allen drei Töchtern zum Stamme der Adler. Und so beschloß Mutter Schwan ihre alten Tage zufrieden am eigenen Feuer, aber im Kreise ihrer Töchter und Enkel, in Mutter Erdbebens Haus – und nun ist die Geschichte aus!

SCHNEEFLOCKE

Ein slawisches Märchen

Lang, lang ist's her, da lebte in einem Dorf ein Ehepaar, Marie und Ivan. Sie waren einander von Herzen zugetan, und doch blieb ihr Glück leer, denn sie hatten keine Kinder. Sie hatten immer Freude daran gehabt, den Kindern anderer Leute beim Spielen zuzuschauen, aber als sie älter wurden, merkten sie, wie sich ihre Freude in Traurigkeit verwandelte. »Hätten wir nur eigene Kinder«, so sprachen sie zueinander. Doch im Laufe der Jahre verloren sie alle Hoffnung auf Erfüllung ihres Wunsches.

Eines Winters, dem kältesten seit Menschengedenken, fiel tagelang Schnee, so dass die Häuser im Dorf tief eingeschneit waren. An einem klaren Frostmorgen, als Marie und Ivan vom Fenster aus zusahen, wie die Kinder mit munterem Geschrei Schneemänner und Schneefrauen bauten,

da fiel Ivan plötzlich eine Last vom Herzen, und er rief aus: »Marie, lass uns hinausgehen und auch eine Schneefrau bauen!« Seine Frau stimmte freudig zu: »Ja, das wird ein Morgenspaß! Doch statt einer Schneefrau machen wir uns ein Schneekind. Für das können wir dann sorgen, als lebte es. Haben wir schon keine Kinder, soll uns niemand hindern, uns eine Schneetochter zu bauen!«

Marie und Ivan mummten sich in warme Mäntel und Mützen und traten hinaus in den Garten. Sie machten sich so eifrig an die Arbeit, dass sie die Kälte bald vergaßen. Mit der ganzen Kraft ihrer alten steifen Glieder rollten sie soviel Schnee zusammen, dass ihrem Schneekind Beine, Leib und Arme wuchsen, und schließlich setzten sie ihm einen Schneekopf auf.

Verwundert über das alte Paar, das sich draußen im Schnee so fleißig und heiter lachend abrackerte, fragten sich die Nachbarn: »Was mögen sie vorhaben?«

Als Marie und Ivan nun an Kopf und Gesicht arbeiteten, behutsam Ohren, Augen, Mund und Nase formten, strahlten sie vor Glück. Zu guter Letzt war das Schneekind fertig. Sie stampften mit den Stiefeln den Schnee rundherum glatt und traten einen Schritt zurück, um ihr morgendliches Werk zu bewundern.

Da konnte Marie nicht widerstehen: Sie trat nahe an das Schneekind heran und legte, so zart sie nur konnte, die Hand an seine Wange; da kamen ihr die Tränen. Auf einmal spürte sie einen kurzen, kalten Atemzug. Da kam ja Menschenatem aus dem Mund des Schneekinds! Und als sie noch genauer hinsah, blickte sie in ein Paar tiefblauer Augen, die sie anschauten. Langsam röteten sich die Lippen und begannen zu lächeln.

Ivan bekam es mit der Angst zu tun: »Was haben wir getan?« Und er bekreuzigte sich hastig.

Doch Marie fühlte tiefen Frieden im Herzen, als sie sah, wie das Mädchen langsam Arme und Beine bewegte und den Kopf von einer Seite zur anderen

drehte. »Gott hat uns dies Geschenk gesandt«, rief sie und breitete die Arme aus, um ihr kaltes Schneekind zu umfangen. »Sie ist unsere Tochter, Schneeflocke soll sie heißen.« Marie küßte und liebkoste das Mädchen. Dabei fiel der Schnee ab, und glatte weiche Haut kam zum Vorschein. Voller Freude nahm Marie die Tochter mit ins Haus.

Schneeflocke wuchs von Tag zu Tag und wurde immer schöner. Froh und sorglos war sie , und das Lachen hielt Einzug in die stille Hütte. Marie fühlte neues Leben in ihren alten Fingern, sie nähte ihrem Kind die entzückendsten Kleider. Jeden Morgen buk sie, und der Duft von frischem Brot und Kuchen durchzog das Haus. Die Kinder des Dorfes kamen und spielten mit Schneeflocke. Nun waren Marie und Ivan nicht mehr einsam.

Schneeflocke war freundlich, gut und sehr klug. Sie lernte schnell und hatte ihre Freude an der Welt ringsumher. Ihre roten Lippen lächelten, die blauen Augen glänzten und ihr Goldhaar schimmerte im Licht. Ihre Wangen aber blieben immer weiß; nie röteten sie sich beim Spiel wie die der andern Kinder. Marie bemerkte das mit wehem Herzen, sprach aber zu niemandem von ihrer Sorge.

Lang war der Winter und kalt, doch nie waren Marie und Ivan so zufrieden gewesen. Sie freuten sich nur umsomehr auf die langen Sommertage, an denen die Kinder bis spät am Abend spielen könnten. Schließlich nahmen die Tage an Länge zu, die Bäume schlugen aus, und das Gras grünte. Als in den Zweigen wieder die Vögel sangen und ihre Nester bauten, sangen auch die Kinder und tanzten auf dem Dorfanger.

Der Frühling kommt,
wir tanzen im Licht,
Woher er kommt,
das wissen wir nicht.
Flog er mit dem Wind,

ritt er auf dem Pflug?
Bringt Blumen und Lieder,
das ist uns genug.

Schneeflocke aber blieb dem Tanzen fern und sah nur still vom Fenster aus zu. Marie war darüber traurig; sie nahm das Kind in den Arm und fragte: »Bist du krank, Liebes? Oder hattest du Streit mit den Freunden? Warum sitzt du im Haus, statt den Frühling zu begrüßen?« Doch Schneeflocke seufzte nur und sagte leise: »Mach dir keine Sorgen, Mutter, mir geht es gut.«

Bald schon wussten die Kinder kaum noch, wie sich kalter Schnee anfühlte. Schneeflocke hingegen wurde schwermütig und suchte Schatten, nie ging sie mit ihren Spielkameraden in die Sonne. Allein im Schatten des Weidenbaumes war sie weniger traurig, dort lag sie oft und lauschte dem plätschernden Bach.

Marie wurde selbst ganz blass beim Anblick ihrer Tochter, die mit jedem Tage mehr ermattete. Tagsüber verließ Schneeflocke das Haus nun gar nicht mehr, nur abends und vor dem Morgengrauen. Mittags fand Marie sie meistens schlafend in ihrem kühlen Zimmer unter dem dichten Reetdach.

Einmal war die Sonne von dichten, grauen Wolken verdeckt, Regen und Wind stürmten über das Dorf. Da lebte Schneeflocke auf, lachte und sang für ein paar Stunden. Als aber der Himmel wieder aufklarte und die Sonne die letzten Wolken vertrieb, sank Schneeflockes Mut erneut, und ihr liefen die Tränen übers Gesicht. Das waren keine warmen Kindertränen, sondern eiskalte Tropfen.

Es wurde Sommer, und die Kinder freuten sich auf das Mittsommerfest in den Wäldern. Die Mädchen baten und drängten: »Komm heraus! Spiel mit uns! Marie, sag Schneeflocke, sie soll mitkommen zum Fest!« Marie tat das von Herzen weh, ahnte sie doch, welche Gefahr ihrer Tochter durch die Wärme drohte. Schließlich war sie ein Schneekind, das die Winterkälte brauchte, um gesund und kräftig zu bleiben. Auch Schneeflocke zögerte, doch ihre Freundinnen wollten sie so gern dabei haben, dass sie sie an den Händen fassten und in ihren Kreis zogen.

Marie küsste Schneeflocke zum Abschied. »Freu dich auf das Fest im Wald, Liebes, aber sei vorsichtig.« Und zu den Kindern sagte sie: »Gebt gut acht auf Schneeflocke. Sie ist mein Lebenslicht und meine Herzenswonne.«

Die Mädchen verschwanden tanzend zwischen den Bäumen. Sie pflückten Margeriten und wanden sich Kränze fürs Haar. Ihre Lieder klangen froh und schwermütig zugleich; sie lachten und weinten miteinander, und Schneeflocke versuchte mitzuhalten bei ihrem Fest.

Als die Sonne sank, sammelten die Mädchen trockene Gräser und Reiser für ein Feuer. Wie es dunkel war, warfen sie Äste aufs Feuer, dann versammelten sie sich in einer langen Reihe, ganz zuhinterst Schneeflocke: »Mach's genau wie wir, nimm Anlauf und spring hoch über die Flammen.« Eine nach der andern schnellte jauchzend hinüber.

Da, im Dämmerdunkel, vernahmen sie einen Klageseufzer, ein kummervolles Aufstöhnen – dann Stille. Die Mädchen blickten fragend umher und von einer zur andern, ohne zu begreifen, woher der Laut käme. Dann rief

eines von ihnen: »Wo ist Schneeflocke? Sie ist nicht hier!« Sie suchten überall, weil sie glaubten, sie habe sich versteckt. »Schneeflocke! Schneeflocke!«, riefen sie, mehr und mehr besorgt. Keine Antwort. Da gingen sie langsam ins Dorf zurück. War Schneeflocke etwa allein nach Hause gegangen?

Doch Schneeflocke war nicht daheim. Bei Tagesanbruch begann die Suche aufs Neue. Tagelang forschten die Dorfbewohner nach ihr: »Schneeflocke! Wo bist du? Komm wieder zu uns!« Keiner ihrer lauten Rufe erhielt Antwort.

Traurig kehrten die Kinder zu ihrem Spiel zurück. Marie und Ivan aber gaben die Suche nie mehr auf. »Schneeflocke, mein liebstes Schneekind«, rief Marie immer wieder, »wo bist du?« Manchmal meinte sie eine Antwort zu hören, doch war es nie mehr als ein Echo. Sie suchte sie unbeirrt und hoffte bis an ihr Lebensende, dass ihr Kind nicht tot sei, sondern irgendwo lebe.

Und wohin war Schneeflocke gegangen? Kaum dass das Feuer sie berührt hatte, war sie geschmolzen, und zurück blieb nur ein feiner Nebelhauch.

DER SPIEGEL DER MUTTER

Aus Japan

In einer entlegenen Gegend, fernab von allen Städten, lebte einst ein Ehepaar, dessen Glück mit der Geburt einer Tochter vollkommen wurde. Sie nannten sie Sachiko; und wirklich war sie ein glückliches Kind, ganz wie der Name es sagt. Jeder neue Schritt ihrer Kindheit wurde gefeiert, und dazu gab es, wie es sich gehörte, ein Geschenk: der erste Kimono, dann die breite Schärpe und natürlich ein Puppenpaar für das alljährliche Puppenfest.

Eines Tages, als Sachiko ungefähr sieben Jahre alt war, wurde sie zum allerersten Male von ihrem Vater getrennt, weil er in eine Stadt reisen musste, die viele Tagereisen entfernt lag. In seiner Abwesenheit lebten Mutter und Tochter miteinander so zufrieden sie nur konnten, genossen die gemeinsame Zeit und ersehnten die Rückkehr des Vaters. Als er endlich heimkam, erschöpft

von der langen Reise, mochte er nicht eher schlafen, als bis er den beiden die Geschenke überreicht hatte, die er für sie mitgebracht hatte. Sachiko hing an seinen weiten Ärmeln, voller Erwartung, was er aus den Tiefen seines Korbes für sie hervorzaubern würde.

Zitternd vor Freude empfing das kleine Mädchen von ihm ein Päckchen und löste behutsam das Papier. Noch größer war ihr Glück, als sie ein wunderschön bemaltes Döschen mit Süßigkeiten fand, dazu ein allerliebstes Püppchen, das genau den gleichen Kimono trug wie sie selbst. Sie verneigte sich vor ihrem Vater und dankte ihm aus tiefster Seele. Dann schaute sie der Mutter zu, die ihr Geschenk aus der Stadt erhielt.

Erst wussten beide nicht, was es war, hatten sie doch nie zuvor einen Spiegel gesehen. Ihre Mutter war bezaubert, als ihr von dem Oval des Glases eine höchst liebenswerte Dame entgegenlächelte, in einem himmelblauen Kimono, gerade wie ihr eigener. Ihr Gemahl, mit den Sitten der Stadt schon vertrauter, erklärte geduldig die Wirkung des Spiegels, doch die beiden blieben voller Staunen und Freude über diesen Zauber. Er erzählte ihnen, der Spiegel einer Frau werde der Widerschein ihrer Seele genannt, und man müsse ihn rein und blank halten.

Sachikos Mutter erfreute sich viele Monate an dem Spiegel und hatte Wohlgefallen an seinen Bildern. Eines Tages aber legte sie ihn weg, und er wurde vergessen.

Mit sechzehn Jahren war Sachiko ihrer Mutter in Antlitz und Wesensart sehr ähnlich geworden, ebenso liebenswert und schön wie sie. Sie war sich dessen aber nicht bewusst. Dann, eines kummervollen Tages, erkrankte ihre Mutter und genas nicht wieder, sondern welkte dahin.

Als sie spürte, dass ihre letzten Tage nahten, sprach sie mit Sachiko liebevoll über die Zukunft und hieß sie den Spiegel hervor holen. »Wenn ich gestorben bin, musst du diesen Spiegel immer bei dir tragen«, sagte sie mit schwacher Stimme. »Schau in seine Tiefen, jeden Morgen und jeden Abend, dort wirst du

mich sehen, und ich werde dir zulächeln. So werde ich dir nahe sein in guten wie in schweren Zeiten.« Nach diesen Worten konnte sie in Frieden sterben.

Sachiko, nun zu einer jungen Frau herangewachsen, tat, was die Mutter ihr geraten hatte, jeden Morgen und jeden Abend. Dort in der Tiefe des Spiegels sah sie jedesmal ihre Mutter, nicht von Schwäche gezeichnet wie auf dem Totenbett, sondern so wie sie wohl ausgesehen hatte, als sie jung und blühend war wie Sachiko selbst. Wann immer sie dem lieblichen Gesicht im Spiegel begegnete, fühlte sie sich getröstet und niemals einsam.

Das war auch noch so, als ihr Vater wieder geheiratet hatte. Diese neue Frau hatte, um seine Liebe zu gewinnen, einen Zauberbann über ihn geworfen.

Sachiko aber erfuhr von ihrer Stiefmutter nur Grausamkeit, aus Eifersucht über die zärtliche Liebe, die der Vater seiner Tochter entgegenbrachte. Keine Gelegenheit ließ sie sich entgehen, um dem Mädchen ein Leid zu tun, obwohl Sachiko immer versuchte, der neuen Frau ihres Vaters alles recht zu machen, sie zu achten und zu ehren, wie es ihr gebührte. Es half alles nichts, Sachiko hatte nur noch Schlimmeres auszustehen. Doch sie nahm täglich den Spiegel hervor und erzählte ihrer Mutter von den erlittenen Grausamkeiten. Bei ihr fand sie Trost und neuen Mut.

Die Stiefmutter beklagte sich bei ihrem Mann über Sachikos Verhalten, der aber wollte nichts Schlechtes über sie hören. Da begann die Frau, Sachiko

überall nachzuspüren, und schließlich kam sie mit einer schrecklichen Geschichte zu ihrem Mann: »Deine Tochter hasst mich; ich weiß, sie hat ein Bild von mir gemacht, vor dem sie Flüche ausspricht, so dass ich sterben muss.« Sie hatte Sachiko mit ihrem Spiegel sprechen hören, aber den Sinn nicht verstanden. In solcher Bedrängnis war sie, dass ihr Mann sich genötigt sah, mit seiner Tochter über diese Angelegenheit zu sprechen.

Als er ihr Zimmer betrat, verbarg Sachiko den Spiegel geschwind im Ärmel ihres Kimonos, da ja niemand davon etwas wissen durfte. Dadurch erschien sie schuldig, und dem Vater brach fast das Herz bei dem Gedanken, die Anklage könnte vielleicht wahr sein. »Was versteckst du vor mir?«, fragte er streng. »Deine Stiefmutter berichtet mir, du habest ein Bild von ihr gemacht und fluchest ihm in der Hoffnung, sie werde daran sterben. Ist das wahr? Wie kannst du nur so etwas Schlimmes tun?«, rief er.

Sachiko war sprachlos. Als er geendet hatte, erwiderte sie weinend: »Wie kannst du so etwas glauben? Wenn ich spreche, wie du es beschreibst, rede ich mit meiner Mutter.« Es blieb ihr nichts anderes übrig, als von dem Geheimnis des Spiegels und den letzten Worten ihrer Mutter zu erzählen. Sie zog den Spiegel hervor, damit der Vater ihn sähe und sich erinnere.

Ihr Vater erkannte den Spiegel, und voller Reue wurde ihm bewusst, wie sehr Sachiko den Verlust der Mutter betrauerte und wie sehr sie von der Stiefmutter gequält worden war. Beglückt erfuhr er von der Trostkraft, die die Mutter ihr durch den Spiegel hatte zukommen lassen. Er weinte und lobte Sachiko für ihre Geduld und Liebe.

Die misstrauische Stiefmutter hatte an der Tür gelauscht und mit angehört, was zwischen den beiden vorging. Auch sie bereute ihre Hartherzigkeit und war zu Tränen gerührt, als sie erkannte, wie sehr Sachiko gelitten hatte. Mit Erstaunen hörte sie von dem tröstlichen Spiegel, der der trauernden Tochter die mütterliche Hilfe brachte, wo sie doch gemeint hatte, die Stimme webe bösen Zauber.

Unfähig, dies länger zu ertragen, eilte sie ins Zimmer und warf sich vor der Tochter, der sie soviel Leid angetan hatte, auf die Knie. »Ich bin beschämt und bitte dich um Vergebung«, rief sie. »Ich erkenne das Böse meines Verhaltens und will mich bemühen, dich in Zukunft wie mein eigenes Kind zu lieben.« Das gütige Mädchen verzieh ihr sofort und umarmte sie. Auf der Stelle begannen sie ein neues, glücklicheres Leben.

Die Familie lebte zufrieden miteinandert, bis Sachiko selbst heiratete. Dann kam der Tag, an dem sie Mutter wurde, und nach vielen Jahren auch der Tag, an dem sie, alt und schwach geworden, starb. Zuvor aber gab sie ihrer Tochter den Spiegel, den sie von ihrer Mutter empfangen hatte, damit auch ihr eigenes Kind sicher sein könne: Die Mutter würde bei ihr sein und ihr Trost und Hilfe bringen..

KATANYA

Aus der Türkei

In der ärmsten Gegend des Landes lebte einmal eine ganz arme Frau. Schon immer hatte sie sich ein Kind gewünscht, und der Tod ihres Mannes setzte dieser Sehnsucht kein Ende. Oft bat sie Gott darum, doch ihr Gebet war noch nicht erhört worden. Gott hatte aber ihre Liebe gesehen und er kannte ihren Herzenswunsch. Deshalb rief er seinen Propheten Elias zu sich und sprach: »Mein getreuer Bote, gehe für mich hinunter auf die Erde, besuche diese einsame Frau und hilf ihr.«

Elias war solche Aufträge gewöhnt. Oft erschien er gottesfürchtigen Menschen, die in Not waren, und Gottes Allmacht wirkte Wunder, wenn Elias sich ans Werk machte! Glücklich über diesen Auftrag des Herrn, kam Elias auf die Erde und fand die arme alte Frau in einem geschäftigen Basar.

Sie war schwach und hungrig, weil sie all ihr Hab und Gut längst eingetauscht hatte für das tägliche Brot; jetzt war nichts mehr übrig, das sie noch hätte verkaufen können. Jeden Tag besuchte sie den Markt und erbat von den Händlern etwas aus deren Überfluß: einen Apfel vielleicht, einen Kohlkopf oder auch nur ein paar Weintrauben. Viel bekam sie nie, doch nur selten einmal gar nichts.

An diesem Tag aber, als sie auf den Markt kam, schimpften die Händler lauthals über die Steuererhöhung, die ihnen mehr Geld abverlangte. Die arme Frau betraf das freilich nicht, doch waren die aufgebrachten Händler an dem Tag viel unfreundlicher zu ihr und überhörten ihr Bitten. Mit leerem Magen und schwerem Herzen verließ sie den Basar.

Am Rande des Platzes fiel ihr ein neuer Händler auf, selbst in Lumpen gekleidet und mit nur wenig Ware; genau genommen sah sie nur ein Büschel aus sechs Datteln auf seinem Stand liegen, mehr nicht. »Er ist fast so arm wie ich«, dachte sie, als sie an ihm vorbeiging. Trotzdem konnte sie nicht umhin zu fragen: »Schenkt Ihr mir wohl eine von diesen Datteln? Ich bin so hungrig.«

Der zerlumpte Händler zögerte keinen Augenblick, sondern antwortete freundlich: »Ja natürlich. Nehmt alles, was Ihr braucht.« Tief dankbar betrachtete die alte Frau die Datteln genau; welche von den sechsen sollte sie wählen? Schließlich nahm sie eine sehr große, die sie in ihr Taschentuch wickelte. »Ich danke Euch für Eure Güte. Gott segne Euch!«, sprach sie und machte sich auf den Heimweg.

Zu Hause strahlte die Sonne zum Fenster herein, und als das Licht die Dattel traf, schien sie von innen zu erglühen. Da legte die Frau sie ans Fenster, wo sie in der Sonne leuchtete, so herrlich, dass sie sie niemals hätte aufessen können – trotz ihres Hungers. Also ging sie erneut auf die Straßen, einen Bissen Essbares suchen.

Während sie fort war, segnete die Sonne die Dattel mit ihrer Kraft: sie regte sich, schwoll an, öffnete sich schließlich, und heraus sprang ein winziges junges Mädchen, nicht größer als dein kleiner Finger, schön wie die Morgensonne und gekleidet in ein Gewand, das wie der Regenbogen leuchtete. Es blickte umher, sah mit Schrecken die Armut des Raumes und und rief: »Wie schmutzig es hier ist! Da muss ich gleich etwas tun!« Es war tatsächlich schmutzig, weil die alte Frau ihren Besen gegen einen halben Laib Brot eingetauscht hatte.

Das winzige Mädchen hüpfte aus dem Fenster und machte sich aus einem Zweiglein und Strohschnipseln einen Besen. Wieder im Hause, fegte es die Küche sauberer, als sie je gewesen war, weil der kleine Besen bis in jeden Winkel reichte und in jede Ritze der Dielenbretter.

In der Zwischenzeit war die alte Frau wieder auf dem Heimweg, hungrig und durstig wie zuvor. Da begegnete sie wieder dem zerlumpten Händler vom Basar. Er grüßte sie und bot ihr eine glatte, glänzende Olive aus seinem Korb an: »Guten Tag, liebe Frau«, sagte er, »hier nehmt eine kleine Gabe für Euren Hunger.« Eifrig ergriff sie die Olive und dankte dem alten Mann für sein Mitleid.

Diesmal konnte sie nicht bis zu Hause warten, sondern musste sofort in die Olive beißen. Sie spürte den harten Kern und war sehr verwundert, als sie ihn herausnahm. Das war ja gar kein Olivenkern, sondern eine dicke Goldmünze! Diesen Schatz muss ich dem alten Mann bringen, dachte sie und kehrte um, ihn zu suchen. Wie sehr sie aber forschte, er ließ sich nicht finden. Da hielt sie das Goldstück fest in der Hand und sang den ganzen Heimweg vor lauter Freude.

Schon wartete die nächste Überraschung auf sie, denn statt des Schmutzes fand sie eine blitzsaubere Küche vor. »Wer mag nur mein Haus geputzt haben?«, rief sie erstaunt. »Ich bin's«, hörte sie ein scheues feines Stimmchen, »dein Kind, Mutter, das gekommen ist, bei dir zu sein.« Die alte Frau drehte sich dreimal um sich selbst, woher wohl die Stimme käme. »Hier bin ich, auf

dem Fensterbrett«, rief das Stimmchen fröhlich. Und da war sie! Die Alte traute ihren Augen kaum, als sie dieses allerliebste Geschöpfchen entdeckte, das ihr da entgegenlachte. »Gib mir einen Kuss, Mutter, denn ich bin deine Tochter«, sagte das winzige Mädchen.

Die alte Frau hob es behutsam in die Höhe und küsste es zärtlich. Sie weinte, als begriff, dass die Dattel ein Geschenk des Propheten Elias gewesen sein musste. Niemand sonst war zu solch freudigem Wunder fähig.

Da das Mädchen keinen Namen hatte, sprach die frischgebackene Mutter: »Ich will dich Katanya nennen, denn du bist meine Kleine.«

So nahm ihr glückliches Zusammenleben seinen Anfang. Die Frau kaufte von der Goldmünze Möbelstücke für die leere Hütte und füllte die Vorratskammer. Gemeinsam besuchten sie den Basar und belohnten alle Händler, die der Frau in ihrer Not geholfen hatten. Das Beste von allem aber war, dass das Haus der alten Frau widerhallte von Katanyas Lachen und glockenhellem Gesang. Katanya erhielt alles, was sie brauchte, und ihre Pflegemutter nähte ihr viele kleine Kleider. Doch Katanya mochte am liebsten ihr buntes Gewand, das in allen Regenbogenfarben schillerte.

Eines Tages kam ein Prinz nach erfolgloser Brautfahrt an ihrem Fenster vorübergeritten. Als er ihr Lied hörte, klang es tief in sein Herz hinein. Seine Liebe erwachte, und er schwor sich: Die Sängerin dieses Liedes muss ich heiraten.

Als der König den Wunsch seines Sohnes vernahm, ließ er durch einen Boten das Mädchen und seine Mutter in seinen Palast bestellen. Damit sie angemessen gekleidet erscheinen könnten, musste die Hofschneiderin der Königin gleich mitkommen. Die alte Frau war dankbar dafür, Katanya aber lehnte es ab, ein neues Kleid zu tragen. »Nein danke«, sagte sie höflich, »ich habe mein eigenes Festgewand. Es hat die Farben des Regenbogens im Sonnenlicht und wird dem Prinzen gefallen.«

Zum verabredeten Zeitpunkt gingen die alte Frau und Katanya zum Palast.

Da war man erst einmal enttäuscht, weil die Mutter anscheinend allein gekommen war. Der Prinz wurde traurig und fragte: »Warum hast du die Sängerin meines Liedes nicht mitgebracht?« Gleich schallte die schöne klare Stimme Katanyas aus der Tasche der Frau: »Hier bin ich!« Katanya kam wie ein funkelnder Regenbogen herausgesprungen und sang noch einmal das Lied, das den Prinzen so tief berührt hatte.

»Ja, du bist die Braut, die ich heiraten muss!«, rief er aus. »Bitte, sing noch einmal.« Da sang sie ein anderes Lied, noch schöner als das erste.

Mit königlicher Pracht fand die Hochzeit statt. Prinzessin Katanya trug ihr Regenbogengewand, und alle staunten, wie beherzt und schön sie war. Auch ihre Mutter lebte fortan im Palast. Der Prinz und die Prinzessin waren glücklich und zufrieden miteinander, und Gott lächelte über das Werk seines Dieners Elias.

DAS MÄDCHEN UND DIE PATIN

Aus Norwegen

In einem tiefen Wald hoch im Norden lebte einmal ein armes Ehepaar, ein Holzfäller und seine Frau. Sie waren so arm, dass sie, als ihre Tochter geboren wurde, das Taufgeld für den Pfarrer nicht aufbringen konnten. So musste der Vater den weiten Weg ins Dorf wandern, um eine Patin zu suchen, die das Taufgeld bezahlen könnte. Aber er fand niemanden, der für das Kind einstehen wollte, und müde trat er abends den Heimweg an.

Als er sich seiner Hütte näherte, da kam eine wunderschöne Frau, in ein reiches Gewand gekleidet, auf ihn zu und lächelte ihm freundlich zu. »Ich kenne deinen Auftrag«, sagte sie. »Sei getrost; ich werde für die Taufe sorgen. Danach aber muss ich das Kind mitnehmen und es selbst aufziehen.«

Der Holzfäller war erleichtert über ihr freundliches Angebot, sagte aber, er müsse erst seine Frau fragen, ob sie einverstanden sei. So schieden sie.

Seine Frau aber wollte von dem Handel nichts wissen. »Nein, nein, versuch's nur morgen noch einmal. Die feine Dame kriegt unser Kind nicht!«

Da ging der Holzfäller in einem anderen Dorf auf Patensuche. Manche wären dazu bereit gewesen, doch keine konnte das Taufrgeld aufbringen. Wieder wanderte er betrübt heimwärts, und abermals begegnete er der Frau. Sie ist so sanft und liebevoll, ging es ihm durch den Sinn, dass sie für das Mädchen gewiss besser sorgen würde, als wie sie es vermöchten bei ihrer Armut.

Diesmal wurde seine Frau schon nachgiebiger: »Versuch's doch noch einmal; findet sich dann niemand, so soll sie unser Kind haben.«

Wieder suchte ihr Mann vergeblich. Keiner vermochte das Taufgeld zu zahlen. Bei seiner Rückkehr erwartete ihn die Frau, und diesmal wurden sie einig: Sie würde für die Taufe aufkommen und dann seine Tochter mit sich nehmen.

So lebte das Mädchen fortan mit seiner Taufpatin in einem prächtigen, großen Haus, liebevoll erzogen und versorgt mit allem Nötigen. Als es beinahe sieben Jahre alt war, schickte sich die Patin an, eine lange Reise zu machen. »Du wirst hierbleiben, während ich fort bin«, sagte sie. »In dem ganzen großen Hause kannst du gehen, wohin du magst, nur drei Räume darfst du nicht betreten.« Sie zeigte ihm die drei verbotenen Türen und ging davon.

Sobald sie fort war, wurde das Mädchen so schrecklich neugierig, dass es dachte, die erste Tür könne es vielleicht einen Spalt öffnen, um zu sehen, was dahinter verborgen sei. Kaum hatte es das getan, da glitt ein Stern durch den Spalt und war nicht mehr in den Raum zurückzubringen.

Als die Patin heimkehrte, wusste sie sofort, was geschehen war. »Weil du meinen Stern verloren hast, musst du fort von hier«, sagte sie ärgerlich. Doch

das Mädchen weinte so bitterlich, dass sie nachgab, und beide lebten wieder glücklich miteinander.

Nach einiger Zeit musste die Patin noch einmal fortreisen und verbot dem Mädchen wieder, die geheimen Räume zu betreten. Sobald das Kind allein war, wurde es von der gleichen Neugier überfallen, und es nahm sich vor: »Diesmal will ich vorsichtiger sein und von der zweiten Tür nur einen ganz kleinen Spalt öffnen.« Kaum aber hatte es nur die Klinke gedrückt, kam schon der Mond herausgeschlüpft und war nicht zurückzuholen.

»O weh, was mach ich nur?«, klagte es. »Nun schickt sie mich bestimmt fort, weil ich ungehorsam war!«

Als die Patin heimkehrte und sah, dass der Mond fehlte, wurde sie noch betrübter als beim ersten Mal und drohte, ihr Patenkind wegzuschicken. Abermals weinte und bat das Mädchen, und so durfte es doch bleiben.

Wieder lebten die beiden eine Zeitlang in Frieden, aber schließlich musste die Patin erneut verreisen. Noch eindringlicher verbot sie ihrer Patentochter den dritten Raum und mahnte sie zum Gehorsam. »Diesmal werde ich ganz gewiss gehorchen«, beschloß das Mädchen, als es ihr zum Abschied winkte. Kaum aber war sie allein, so musste sie doch unbedingt zu dem Raum gehen. »Diesmal nur einen ganz winzig kleinen Spalt!«, dachte sie. Doch das war aber unmöglich, und ehe sie es bemerkte, war die Sonne schon zur Türe hinaus.

Diesmal konnte sie trotz allen Flehens der Strafe nicht entgehen. Von Herzen traurig, sprach die Patin: »Du musst fort. Doch bevor du allein in die Welt hinausziehst, hast du die Wahl: entweder wirst du die schönste aller Frauen, aber stumm, oder du kannst sprechen, bist aber von allen die häßlichste. Entscheide dich!« Das Mädchen erwiderte: »Lieber möchte ich schön sein!« Auf der Stelle verließ die Sprache sie, ihre Schönheit aber wuchs, dass man nur so staunte.

Sie weinten beide beim Abschied, und das Mädchen ging in den dichten Wald hinein. Als es Nacht wurde, kletterte sie auf einen Baum, der am Ufer eines Sees stand und sicheren Schlafplatz bot.

In der Nähe dieses Sees war ein Schloss. Von dort kam bei Tagesanbruch eine Dienerin, um Wasser zu holen. Wie sie sich über die Schöpfstelle beugte, sah sie das Spiegelbild des Mädchens oben im Baum. Die Dienerin meinte, es sei ihr eigenes, und rief aus: »Ich hatte ja keine Ahnung, dass ich so schön bin! Wie kann ich da dienen und Wasser holen?« Sie warf den Krug fort und rannte zum Schloß zurück.

Da sollte eine andere Dienerin Wasser holen, sah ebenfalls dies schönste aller Gesichter und hielt es für das eigene. »Solche Schönheit sollte besseres tun als Wasser schöpfen«, rief sie und kehrte ins Schloss zurück.

Als der Prinz, der dort lebte, davon hörte, wurde er neugierig und ging selbst zum See. Wie er das liebliche Gesicht erblickte, wusste er, es könne nicht seines sein, und betrachtete es voller Erstaunen. Dann schaute er hinauf zu dem Mädchen im Baum und überredete es, zu ihm herabzusteigen und mitzukommen aufs Schloss. Obwohl sie nicht sprechen konnte, liebte er sie innig und bat sie, seine Frau zu werden.

So wurden sie getraut. Die Königin aber, die Mutter des Prinzen, teilte ihr Glück nicht. »Und wenn es ein Trollmensch ist?«, rief sie. »Sie kann ja nicht einmal reden.« Doch der Prinz liebte sie umso mehr.

Wie freuten sie sich, als ihr erstes Kind geboren wurde. Doch in dem tiefen

Schlaf, der der Geburt folgte, erschien die Patin, ritzte dem Kind den Finger, bestrich mit dem Blut die Lippen ihrer Patentochter und sprach: »Jetzt wirst auch du Leid empfinden, so wie ich, als du meinen Stern verlorst.« Dann verschwand sie mit dem Kind.

Die misstrauische Königin sprach zu ihrem Sohn: »Ich sagte es dir voraus: Du hast ein Ungeheuer geheiratet, das seine eigenen Kinder verschlingt.« Der Prinz wusste aber, dass das nicht stimmen konnte. Er liebte seine junge Frau, vertraute ihr und war fest entschlossen, sie zu schützen. Deshalb umgab er sie mit starken Wachen.

Bei der Geburt des zweiten Kindes erschien die Patin wiederum, als alles in tiefem Schlafe lag, und befleckte die Lippen der jungen Mutter mit dem Blut vom Finger des Neugeborenen. »Nun wirst du das Leid fühlen, das ich erfuhr, als du den Mond verlorst.« Wieder entschwand sie mit dem Kind, und die Königin verklagte die junge Mutter, eine Menschenfresserin zu sein. Der Prinz wusste, dass dies nicht so war, und umgab seine Frau mit noch stärkeren Wachen, als das dritte Kind geboren werden sollte.

Doch es nutzte nichts; wieder kam die Patin, als alle schliefen, und zum dritten Male schnitt sie in den Finger des Neugeborenen und bestrich mit dem Blut die Lippen der Mutter. »Nun wirst du das Leid erfahren, das ich

fühlte, als du die Sonne verlorst«, sagte sie, und noch einmal entschwand sie mit dem Kind.

Diesmal vermochte der Prinz seine Frau nicht vor Strafe zu bewahren. Seine Mutter bestand darauf, dass sie getötet würde, ehe noch mehr unschuldige Kinder ihr Leben verlören. Stumm und unfähig sich zu verteidigen, wurde die Frau als Menschenfresserin zum Feuertod verurteilt.

Gerade als man sie zum Scheiterhaufen führte, erschien, allen Augen sichtbar, die Patin mit dem Neugeborenen auf dem Arm und den beiden älteren Kindern an der Hand. Liebevoll nahte sie ihrer Patentochter, legte ihr das Kind in die Arme und sprach: »Meine liebe Tochter, hier sind deine Kinder.

Jetzt sollst du sie lieben und für sie sorgen. Ich bin die Himmelskönigin und habe dir deine drei Kinder genommen, damit du das Leid fühlen lerntest, das du mir antatest, als du Stern, Mond und Sonne verlorst. Nun kennst du das Leid, nun darfst du sprechen.« Damit umarmte sie ihre Patentochter und entschwand.

Der Königssohn und seine Frau waren überglücklich, ihre Kinder wohlbehalten wieder bei sich zu haben. Und weil die Prinzessin nun ihre Sprache zurückbekommen hatte, konnte sie auch allen ihre Geschichte erzählen. Selbst die alte Königin versöhnte sich mit ihr, und sie lebten miteinander lange Jahre glücklich und in Frieden.

NAOMI UND RUTH

Nach dem Alten Testament

Vor langer Zeit brach eine Hungersnot herein über das Land Juda. Daher verließ Elimelech seine Heimatstadt Bethlehem, zusammen mit Naomi, seiner Frau, und den beiden Söhnen. Sie wanderten südwärts, um im Lande Moab zu leben. Dort starb der Mann. Die Söhne heirateten Frauen von dort. Allzubald starben auch die Söhne, und Naomi trauerte um die drei Menschen, die ihr am nächsten standen.

Da beschloß sie, wieder heimzugehen nach Bethlehem, wo sie noch Verwandte hatte. Darum sprach sie zu ihren Schwiegertöchtern Ruth und Orpa: »Eure Männer sind tot; kehrt heim zu euren Eltern.« Die Frauen weinten und wollten ihre Schwiegermutter nicht allein zurücklassen. Doch Naomi bestand darauf, und Orpa nahm unter Tränen Abschied von ihr. Ruth aber blieb fest; sie liebte Naomi und fragte sich, wie eine Frau ihres Alters den langen Weg nach Bethlehem allein bewältigen solle. »Liebe Mutter, ich verlasse dich nicht. Wo du hingehst, da will auch ich hingehen; wo du bleiben willst, werde ich mit dir bleiben. Dein Volk sei mein Volk, und deinen Gott werde auch ich verehren. Wo du stirbst, da will ich sterben, und nichts als der Tod soll uns trennen.«

Da nahm Naomi Ruths Liebe dankbar an, und gemeinsam verließen sie das Land Moab. Auf dem staubigen Weg erinnerte sich Naomi der Hoffnung, mit der sie Bethlehem viele Jahre zuvor auf dieser Straße verlassen hatte. »Mein Name bedeutet ›die Schöne‹«, sagte sie, »doch jetzt hieße ich besser Mara, ›Bitterkeit‹, da soviel Leid über mich kam. Als ich Juda verließ, hatte ich meinen Mann und zwei Söhne. Jetzt sind sie alle drei tot, und du allein bliebst mir zum Trost.«

Sie erreichten Bethlehem zu Beginn der Getreideernte. Beide Frauen waren müde und hungrig. Da sagte Ruth: »Ruh du dich aus. Ich gehe auf die Felder; vielleicht darf ich liegengelassene Ähren für uns auflesen.« Sie wusste nicht, dass die Felder einem reichen Mann namens Boas gehörten, der ein Verwandter des Elimelech war.

Am Abend sah Boas die fremde junge Ährenleserin und erkundigte sich, wer sie sei. Einer seiner Arbeiter erzählte ihm: »Sie ist Ruth, die Moabiterin, die Naomi heimbegleitet hat in ihr Land Juda. Sie hat den ganzen Tag still und bescheiden die restlichen Ähren aufgelesen.«

Als Boas das hörte, ward er gerührt und ließ Ruth zu sich rufen: »Du darfst auf all meinen Feldern Ähren lesen, soviele du brauchst, und dich nähren und erfrischen an dem, was ich für meine Erntearbeiter bereitstelle.«

Ruth verwunderte sich über seine Güte. Da erklärte er ihr, er habe gehört, wie hilfsbereit und treu sie um ihrer Schwiegermutter willen das eigene Volk verlassen habe und als Fremde nach Juda gekommen sei.

So arbeitete Ruth auf Boas' Feldern. Der hieß seine Knechte reichlich liegen lassen, damit es beiden Frauen für das Brot ausreiche. Als Naomi hörte, was Ruth erlebt hatte, freute sie sich, dass der Verwandte ihres verstorbenen Mannes ihnen so gut war. Und Ruth ging jeden Tag hinaus auf die Felder, bis die Ernte vorbei war.

Als das Dreschen begann, arbeitete Boas selbst bei Tage auf der Tenne, und nachts schlief er allein auf der Spreu. Da sagte Naomi zu Ruth: »Wenn es Nacht geworden ist, geh auch du auf die Tenne und lege dich in Boas' Nähe still schlafen.«

Ruth tat, wie Naomi ihr geraten hatte. Während der Nacht erwachte Boas und war froh, Ruth in seiner Nähe schlafend zu sehen. Im Morgengrauen gab er ihr einen Sack gedroschenen Getreides: »Bring ihn Naomi«, sagte er. Mit jedem Tag war Boas' Liebe zu Ruth gewachsen, so dass er sie schließlich heiratete und auch für ihre Schwiegermutter sorgte.

Nach einiger Zeit gebar Ruth einen Sohn. Glücklich war sie; auch Naomi jubelte, und ihre Nachbarn sprachen: »Wie reich hat dich Gott gesegnet, Naomi! Jetzt hast du sogar ein Enkelkind. Mehr noch gesegnet aber bist du durch deine Schwiegertochter, die dir liebreicher war als sieben Söhne.« So lebten Ruth und Naomi friedlich mit Boas, und ihre Familie gedieh fort durch zahlreiche Generationen.

NACHWORT

FRAU UND NATUR

In Mythen und Märchen ist die Welt des Weiblichen im Reich der Natur angesiedelt. »Frau« verkörpert die wesentlichen Qualitäten in Erde und Lebensrhythmen. Der Mythos von Demeter und Persephone veranschaulicht dieses Thema ebenso sehr wie die Kraft der Mutter-Tochter-Beziehung. In den alten griechischen Mythen war Demeter (bei den Römern Ceres) die Göttin der Erde und des Getreides. Ihre Tochter, die Kornjungfrau, war Begründerin der Jahreszeiten, die das Fortbestehen des Lebens über den Tod hinaus durch den sich wiederholenden Kreislauf der Erneuerung ermöglichte. In Nordeuropa sah man Frau Holle möglicherweise in Beziehung zur alten Mondgöttin der Teutonen, die das Weibliche im Wirken der Natur umfaßte. Deshalb ist in diesen Märchen die Arbeit so bedeutsam: als Symbol für Mitschaffen und Teilhaben an den Kräften der Natur. Wird das Bett nicht geschüttelt, fällt eben kein Schnee.

Persephone zieht Blumen aus der Erde, die in Hades' Unterwelt wurzeln, und Langes Haar zieht ihre Rübe aus dem Boden, um die Quelle freizulegen, die der männliche Berggeist gefangenhielt. In Märchen verbinden sich Mädchen oft auf solche Weise mit der Erde, ja gehen sogar in die Unterwelt, wie Persephone und die Mädchen in »Frau Holle«.

Frauen, ganz besonders die Ureinwohnerinnen Amerikas, sind pflanzenheilkundig: Mutter Schwan und ihre Töchter können sich selbst ernähren, ebenso wie andere Frauen, die ausgestoßen werden in Feld und Wald - wie das norwegische Mädchen; es überlebt auch allein, nachdem es bei seiner mächtigen Patin vielleicht sogar zu gut versorgt war. Hier spiegelt die Tochter-Mutter-Beziehung diejenige zwischen Menschheit und Mutter Erde selbst, die von allen Völkern der Welt als die Große Mutter allumfassend gefürchtet und verehrt wird.

WAHRE UND FALSCHE MÜTTER

Der archetypische Drang, teilzuhaben am Schaffen der Natur, wird erfahren durch die Sehnsucht – nach einem Gefährten oder nach einem Kind –, die die Tochter in das Muttersein einweiht, wenn sie so weit ist. Der Kinderwunsch einer unfruchtbaren Frau ist die motivierende Kraft in »Katanya« und »Schneeflocke«. Die aus diesem Wunsch geschaffenen Töchter sind besonderer Art. Eine entspringt wundersamerweise einer Dattel, die andere ist aus Schnee. Bemerkenswert ist die Größe der ersteren: in der Volksweisheit erweist sich das Winzige oft mächtiger als das Riesenhafte. Auch hat Katanya eine bezaubernde Stimme, als besonderer Ausdruck weiblicher Seelenhaftigkeit und Zauberschlüssel zum Menschenherz. Das Schneekind ist flüchtig, ein schmerzliches Symbol für die Kürze des Lebens und die Verletzbarkeit der Mutterliebe. Wie jede Jahreszeit dem fortschreitenden Zyklus weichen muss – Winter wird zu Sommer –, so löst sie sich auf, um wieder Teil der Elemente zu werden. Dies ist das Geheimnis, mit dem man als Frau im Einklang sein muss.

Die ernährende Mutter erscheint in all ihrer Macht; doch auch sie muss sterben – ein häufiges Motiv in Märchen, was vielleicht auf die früher hohe Müttersterblichkeit bei der Geburt anspielt. Der Verlust der

Mutter ist notwendig; zum Ausgleich hinterläßt diese der Tochter manchmal ihre helfende Nähe, wie beispielsweise durch Sachikos Spiegel oder Wassilissas Puppe. Stirbt die Mutter oder ist abwesend, ehe das Kind erwachsen ist, kann der Verlust als Verlassenheit empfunden werden und ein negatives Mutterbild entstehen, verkörpert in der notorischen Stiefmutter und den neidischen Stiefschwestern in »Wassilissa« und »Frau Holle«.

Die Stiefmutter dominiert, wo der Vater schwach oder abwesend ist. Eine unbeabsichtigte Wohltat aber ist es, dass sie die Tochter eher ins Leben stößt als sie dazu anhält, unter ihrem Einfluss zu bleiben, wie es eine natürliche Mutter tut und damit ihrer Tochter schadet. Sie muss entweder entfernt (»Wassilissa«) oder verwandelt werden (»Der Spiegel der Mutter«), damit die Tochter sich weiterentwickeln kann.

ALTE UND ÜBERLEBENSGROSSE

Die Alte ist eine mächtige und gefürchtete Gestalt im Volksmärchen. Gütig und menschlich erscheint sie als Große Mutter Erdbeben, die Trägerin der Stammesweisheit und Regentin des häuslichen Lebens. Alte Frauen wie Frau Holle und Baba Jaga vertreten ursprüngliche Naturkräfte, die positiv oder negativ oder in beide Richtungen zugleich wirken. Diese Elementargestalten sind erbarmungslos, selbst da wo sie freundlich sind, bestrafen jeden, der wahres Leben verweigert, und hüten die Riten des Schwellenübergangs. Sie verfügen über große Macht: kosmische Energien, Licht wechselnd mit Finsternis, dienen Baba Jaga in ihrem Haus des Todes.

Die geistige Mutter wird von der Patin in dem norwegischen Märchen verkörpert. Sie hält Sonne, Mond und Sterne in ihren verbotenen Kammern und hütet geheimes Wissen, das der Sucher nur unter Gefahren erringt. Die Patin ist vielleicht eine inflatorische Kompensation für die Armut der persönlichen Mutter, wobei Armut im Märchen häufiger den psychologischen Aspekt meint als den ökonomischen. Demeter ist reiner Archetyp: ihre Tochterliebe mit der Macht, Persephone vom Tod zu befreien, ist eine Kraft, die selbst die olympischen Götter fürchten. Doch sie kann auch gnadenlos sein – im Zorn über den Verlust ihres Kindes läßt sie alles erstarren, was sie selbst erschuf. Das ist die Schreckliche Mutter.

DIE GEMEINSCHAFT DER FRAUEN

Weibliche Energie wird erneuert sich beständig. Die reife Frau schenkt ihrer Tochter das Leben, die wiederum heranreift und ihre Energie in den Dienst der schwächer werdenden Eltern stellt. Langes Haar holt Wasser für ihre alternde Mutter; Katanya putzt für ihre alte Pflegemutter; die goldene Jungfrau schüttelt der alten Frau Holle die Betten. Diese Tätigkeiten ersetzen schwindende Kräfte. Der Kreislauf der Hilfe verbindet die alte Mutter Schwan mit ihren Töchtern, Ruth mit der greisen Naomi. Naomi und die Witwe in »Katanya« repräsentieren außerdem die Besitzlosen. Im Märchen öffnen aber gerade Charaktere, die schwach oder gescheitert erscheinen, den Weg. Sie sind es, zu denen Schätze gelangen. Alle diese Erzählungen handeln von der Solidarität der Frauen – sehr oft in Abwesenheit der Männer, die fort sind von zu Hause, auf der Jagd, bei der Arbeit oder im Kampf. Wir sehen, wie Frauen praktische und emotionale Unabhängigkeit entwickeln.

SYMBOLE DES WEIBLICHEN

Diese Erzählungen kreisen um archaische Symbole des Weiblichen, universellen oder auch lokalen Ursprungs. Mädchen wie Persephone oder die goldene Jungfrau (»Frau Holle«) werden in Beziehung gebracht zu Blumen, Beeren und Datteln, reifen Äpfeln, die gepflückt sein wollen, ebenso zu Getreide und Fruchtbarkeit. Sie bereiten Brot oder werden aufgefordert, das fertiggebackene Brot des Lebens aus dem Ofen zu ziehen – eine symbolhafte Aufgabe, die das zweite Mädchen in Frau Holles Königreich verweigert, und damit sie die wahre Initiation zur Frau ablehnt.

Frauen sind häufig in der Küche zu finden, weil es die gemüthafte Mitte der Familie ist, die Stätte des Feuers, der Gefühle und der Umwandlung. Dort wird das Essbare zu schmackhaften, nährenden Speisen verarbeitet, wodurch zur Dimension des Überlebens die der Ästhetik hinzutritt. Mit Einfallsreichtum verknüpfen Mütter und Töchter all diese Symbole. Ruths Ährenlesen oder die einzelne Dattel und Olive der Witwe (»Katanya«) zeigen, wie das Kleine, wenn es gewürdigt wird, zum Quell der Fülle werden kann. Dies ist Mutter Erdbebens Macht, die den Fleischvorrat groß oder klein machen kann. Der Same ist der winzige Ursprung umfassenden Lebens, und Mütter müssen ihre Töchter dazu bringen, ihn als Verheißung des Lebens zu achten.

Eine fesselnde Aufgabe, die Mädchen wie Wassilissa gestellt wird, ist das Sortieren von Samen, ein penibler und zeitraubender Vorgang, der auf die Ausbildung von Unterscheidungsvermögen und Scharfblick deutet. Besonders im Reich der Gefühle tut Unterscheidung not. Obwohl Mitleid zu würdigen ist, muss es manchmal versagt werden – als Runder Stein Mitgefühl für Eule zeigt, wird sie Beute seines Betrugs.

Häufig ist der Spiegel ein weibliches Attribut. In seiner positiven Variante ist er nicht mit Eitelkeit verbunden, sondern mit dem Bild des Ich und der Fähigkeit zur Selbstverwirklichung. Der Körper und seine Bekleidung sind ebenfalls Ausdruck dieses Bereichs. Katanyas Kleid gleicht dem Regenbogen, das Haar der jungen Chinesin dem Wasserfall. Alle diese Mädchen sind mit Eva verwandt, manchmal auf zerstörerisch-unwiderrufliche Art: verbotene Zimmer im norwegischen Märchen, der ausdrückliche Befehl, nicht vom Wege abzuweichen – sie verlocken zum Ungehorsam. Neugier und das Streben nach Unabhängigkeit sind starke positive Triebkräfte; diese Töchter sind voller Begierde, etwas zu sehen, zu wissen, zu tun.

Spinnen und Nähen gehören zu den immer wiederkehrenden Tätigkeiten im Märchen, Symbole weit über die soziale Funktion ökonomischer Unabhängigkeit hinaus. Spinnen ist ein schöpferischer Akt; das Spinnen des Gedankenfadens war Gabe der Frauen, die als erste mündlich erzählten, überlieferten und bewahrten. Sie trafen sich in den Spinnstuben und erzählten, während sie arbeiteten. Das Spinnen verbindet die Frauen auch mit dem Lebensfaden: Spinnen, Weben und Durchschneiden des Fadens sind Symbole für Leben, Schicksal und Tod.

DIE REISE

Die Reise gehört ganz wesentlich zum Märchen. Töchter aller Kulturen begeben sich auf denselben Weg, den Übergang vom Mädchen zur Frau, vom Leben zum Tod. Die Reise ist Universalsymbol für den Weg: rückwärtsgerichtet ebenso wie fortschreitend. Töchter müssen den Weg wagen: in den Wald, übers Feuer, quer durchs Land, sogar in die Unterwelt, und zuletzt wieder nach Haus. Auf unterschiedliche Weise sind dies alles Begegnungen mit dem Unbekannten, mit der Aufgabe, das Leben zu feiern, mit Verlust und Tod sich auseinanderzusetzen. Dies ist die Weisheit, die Mütter ihren Töchtern vermitteln müssen. In allen Kulturen der Welt tun sie das nicht nur durch ihr Beispiel, sondern auch durch Geschichten.